Una cosa es leer una historia conmovedora de traición, perdón y recuperación, y otra muy distinta es vivirla en carne propia. Tal fue la impresión que tuve que experimentar con la familia Vallotton el día que su mundo se les derrumbó. Esta gran familia sufrió lo indecible. El dolor fue increíble y paralizador. Sin embargo, persistieron una vez tras otra de una forma redentora y descubrieron la bondad de Dios en una nueva dimensión. *El poder sobrenatural del perdón* nos proporciona exactamente lo que necesitamos: la humildad, la inspiración y la visión que nos permite entender el proceso de la salud y la recuperación. Tanto Jason como Kris tienen un don inusual para comunicarse a través de la escritura. Este es un libro muy necesario en la biblioteca de todo creyente.

Bill Johnson
Líder principal de la Iglesia Bethel
Redding, California

Jason Vallotton, junto con su padre, Kris Vallotton sientan las bases para obtener una libertad espiritual increíble en su libro, *El poder sobrenatural del perdón*. Este libro es abiertamente honesto y lo desafía a mirar su propio corazón con la misma honestidad. ¡Estamos totalmente seguros de que este libro va a liberar a los cautivos y a sanar a los quebrantados de corazón! No sólo le enseña a perdonar, sino también a valorarlo y llevarlo a cabo en su vida. *El poder sobrenatural del perdón* le traerá mayor intimidad con el Padre Celestial a cada corazón que lo abrace.

Kim Walker-Smith y Skyler Smith
Grupo musical *Jesus Culture* [La cultura de Jesús]

Jason Valloton (el hijo de Kris) expone de manera vulnerable su historia de traición apabullante y la manera como tuvo que luchar para obtener el verdadero perdón, en *El poder sobrenatural del perdón*. Este libro tiene el potencial para que venga el *Gran Consolador* y lo libere del dolor atroz que usted enterró en su propio corazón y lo lleve a un lugar de perdón en el que se recoge realmente una cosecha que el enemigo trató de destruir. Quiero honrar a este hombre de Dios por su transparencia ante el cuerpo de Cristo, la cual servirá para guiar a los lectores a un lugar de verdadera libertad.

Ché Ahn
Pastor principal, Iglesia HROCK, Pasadena, California
Presidente, Ministerio Internacional La Cosecha
Rector Internacional, *Wagner Leadership Institute* [Instituto de liderazgo Wagner]

Kris y Jason Vallotton (padre e hijo) muestran cómo Dios nos permite superar el dolor y el deseo de venganza para alcanzar la verdadera libertad emocional y la reconciliación con los que nos han ofendido, a través de una historia conmovedora donde se experimenta la traición en un matrimonio.

David Aikman
Autor del éxito de ventas *Jesus in Beijing* [Jesús en Pekín]
Ex-columnista de la revista TIME

Todos estamos en un viaje en esta vida. Conozco la historia de Jason porque tuve una travesía similar. Aprecio a cualquiera que pueda convertir el dolor en un proceso radical de ser como Jesús.

El *valle* es el lugar donde nuestra vida se ajusta verdaderamente a la voluntad de Dios. Tenemos encuentros soberanos con la majestuosidad y la belleza en la montaña, y luego tenemos que volver a la escena de la devastación y comenzar a sembrar lo que Dios plantó en nosotros. Aquí es donde encontramos el gozo incomparable del Espíritu Santo que entra a nuestra devastación con su propio toque misericordioso y nos renueva de adentro hacia afuera.

El perdón que está grabado en la gracia de Dios crea un estilo de vida de amor que es poderoso, liberador y eficaz. Todos los que lean este libro van a cambiar en la medida en que se vean envueltos en la vida de Jesús, caminando con humildad por los campos del dolor.

Graham Cooke
Autor, orador y editor

No importa cuánto necesite perdonar usted, esta historia lo desafiará aún más. He aquí un relato asombroso del perdón desmesurado de Dios. Si encuentras (como yo) que la mayoría de los libros sobre el perdón son teóricos y legalistas, este libro lo estimulará a caminar activamente en la vía del perdón de Dios. ¡Sólo el Espíritu Santo puede lograr este tipo de historias!

Steve Sjogren
Sembrador de Iglesias y Pastor
Autor de *Conspiracy of Kindness* [Conspiración de la bondad]

EL PODER
SOBRENATURAL DEL
PERDÓN

Kris y Jason
Valloton

Editorial
Desafío

El poder sobrenatural del perdón por Kris Vallotton y Jason Vallotton
© 2012 Todos los derechos de esta edición en español reservados por Asociación
Editorial Buena Semilla bajo su sello de Editorial Desafío.

Publicado originalmente en inglés por Regal Books, de Gospel Light publications,
Inc., Ventura, CA 93006, USA, bajo el título: "The Supernatural Power of
Forgiveness". Todos los derechos reservados. Copyright ©2011 por Kris Vallotton
y Jason Vallotton.

A menos que se indique lo contrario, las citas bíblicas son tomadas de la *Santa
Biblia, Nueva Versión Internacional.* © 1999 por la Sociedad Bíblica Internacional.
Las citas bíblicas señaladas con (TLA) son tomadas de la *Santa Biblia, Traducción
en lenguaje actual.* © 2000 por las Sociedades Bíblicas Unidas.
Las citas bíblicas señaladas con (RVC) son tomadas de la *Santa Biblia, Versión
Reina-Valera Contemporánea* © 2009, 2011 por las Sociedades Bíblicas Unidas.
Las citas bíblicas señaladas con (RVR1960) son tomadas de la *Santa Biblia,
Versión Reina-Valera.* © 1960 por las Sociedades Bíblicas en América Latina.
Las citas bíblicas señaladas con (LBLA) son tomadas de la *Santa Biblia, La Biblia
de las Américas.* © 1986, 1995, 1997 por The Lockman Foundation.

Traducción: Carlos Mauricio Páez
Edición: Miguel Peñaloza

Publicado y Distribuido por Editorial Desafío
Cra. 28A No. 64A-34, Bogotá, Colombia
Tel. (571) 630 0100

Producto No.: 600043
Categoría: Crecimiento espiritual, Formación espiritual
ISBN: 978-958-737-0077-5

Impreso en Colombia
Printed in Colombia

Dedicatoria

Dedico este libro a mis amados hijos. La manera como cada uno de ustedes fue abandonado es más que un duelo para mi corazón. Y a pesar que yo he dado todo de mí para protegerlos de la carnalidad de este mundo, de alguna manera sé que saldrán adelante de esos lugares turbulentos, mucho más allá de donde yo pude haberlos embarcado.

John Adams dijo que "las personas y las naciones se forjan en los fuegos de la adversidad", y no hay palabras más verdaderas que estas en mi vida. Ustedes, chicos, son las joyas de mi corazón, y a menudo fueron la razón por la que mantuve el rumbo durante los momentos más difíciles. Oro para que algún día la obra y las convicciones de mi vida hagan realidad sus más grandes sueños. Como padre, no podría estar más orgulloso de mis hijos. Cada uno de ustedes ha resistido las tormentas y se han convertido en representaciones increíbles de la obra maestra de Dios.

Los amo con todo mi ser...
Papá Jason

Contenido

Prefacio

Este libro es una llave poderosa para abrir el corazón de aquellos que han sido atrapados por el dolor y los recuerdos de sus traumas y experiencias del pasado. El testimonio de Jason les ayudará a quienes han sido heridos y traicionados, a encontrar la valentía y la fortaleza para afrontar su propio dolor. Su viaje de amor y perdón da testimonio de que no hay ninguna situación fuera del alcance infinito del amor y de la redención de Dios. ¡Él nos promete que si le damos las cenizas de nuestra vida las reconstruirá con su amor, no importa cuán grande parezca el montón de nuestras cenizas!

Jason y Kris Valloton compartieron una visión profunda del corazón de Dios que es crucial para el viaje desde el dolor hacia la dicha de la restauración. Hicieron un trabajo increíble de escribir sobre un tema difícil, de una manera muy transparente y conmovedora. Su franqueza y vulnerabilidad prepararán el terreno para que muchos salgan de la prisión que les causa la falta de perdón, hacia un lugar de sanidad y libertad.

He visto algunos de los mayores sufrimientos que uno se pueda imaginar durante los últimos dieciséis años como misionera en uno de los países más pobres del mundo. ¡También he tenido la alegría de ver que Dios lleva a cabo la restauración de las maneras más extraordinarias! Esta restauración gira en torno a una de las decisiones más importantes que podamos llegar a tomar: la decisión de perdonar. El perdón hace la diferencia entre el tormento y los sufrimientos continuos, y la libertad y la redención, más allá de nuestros increíbles sueños.

Con frecuencia he sido testigo de cómo los que han experimentado atrocidades inimaginables también han experimentado una transformación de su vida, más allá de lo que jamás habrían esperado. Esto fue ocurriendo a medida que decidieron valientemente perdonar. Una de esas personas es Luís, quien es uno de mis grandes héroes. Él me enseñó sobre el poder del perdón y de la misericordia.

Encontré a Luís en la calle. Estaba enfermo y lleno de ira porque fue quemado en su propia "casa" (una caja de cartón), por otras personas que habían sido sus amigos. Derramaron gasolina sobre él, lo ataron al cartón y le prendieron fuego, abandonándolo a su muerte. Se quemó terriblemente y pasó muchos meses en un hospital local. Se sentía infeliz y amargado por haber sido tratado tan horriblemente. Su miseria lo llevó a un estado de gran aflicción y no tenía nada para sentirse digno. Solía orinarse encima de su cama y vivir en la inmundicia.

El día en que conocí a Luís, lo sostuve en mis brazos y le conté sobre el amor sincero del Señor Jesucristo por cada persona, aun por las personas como él. Lo invité a venir a mi casa y vivir con nosotros. En aquella época Luís tenía mucho odio y no estaba dispuesto a perdonar; ¡se ganaba la vida robando y apuñalando a la gente! Pero yo no dejaba de hablarle sobre ese hombre llamado Jesús de Nazaret que abandonó su hogar y caminó las calles donde viven los necesitados—Aquel que dejó el cielo y vino a la tierra para encontrar a Luís—. Con el tiempo, Luís me dijo: "¡Debo conocer a ese hombre!".

Luís se me acercó cierta mañana y me dijo que quería volver a las calles conmigo para buscar a sus enemigos y decirles a esos chicos que trataron de matarlo que los perdonaba. Pude ver cómo derramó su perdón y su misericordia extraordinaria sobre los muchachos en las calles de Maputo. Luego observé el aumento del amor de Dios en su pequeña vida destrozada.

Una de nuestras iglesias en ese momento era una feligresía poco convencional. Nos reuníamos en un burdel para llevarles el mensaje del evangelio a las prostitutas. Adorábamos al Señor Jesús orando y simplemente mostrando el amor de Cristo a las niñas prostitutas. Sin embargo, no veíamos muchos avances para que esas niñas escaparan del ciclo de su estilo de vida destructivo. (Algunas de estas niñas eran tan jóvenes que tenían 10, 11 y 12 años de edad, y vendían sus cuerpos en la calle por una botella de Coca-Cola). Necesitábamos urgentemente que nuestro Señor Jesucristo las liberara de esa vida miserable.

Mientras estaba en un ayuno de 40 días clamé a Dios para que cambiara la situación. Poco después las chicas cayeron de rodillas durante la adoración y comenzaron a gritar: "¡No podemos vendernos más!". Yo comencé a llorar de alegría y le pregunté al Señor Jesús qué debía hacer a continuación. Sabía que no podía trasladar a estas muchachas al mismo centro con los varones y que necesitaba encontrar una iglesia donde el pastor tuviera la posibilidad de ayudarnos. Necesitaba a un pastor cuyo latido del corazón se igualara al de Jesús en santidad y pureza y que fuera "libre de juicio".

Después de clamar a Dios, alcé la mirada y vi a mi amigo Luís, el muchacho callejero, orando y adorando a Dios de todo corazón tendido en tierra. Él no había cursado la escuela de la Biblia para pastores porque no sabía leer ni escribir, pero era un hombre lleno de misericordia y compasión. Luís rendía culto a Dios con sus manos levantadas, adorando al Señor en espíritu y en verdad. Hablé con él y le pregunté si le gustaría cuidar de estas niñas como pastor. Se desmoronó llorando y preguntándome si

Dios le daría el privilegio y el honor de tan hermosa tarea. Todavía arrodillado, me miró y me interrogó: "¿Puede Dios tener un amor tan grande para usar en esa tarea a un hombre como yo?".

¡Luís tenía una gran humildad y amor por los necesitados! Se mudó a una residencia nueva y comenzó a pastorear a las chicas.

Luís está ahora en el cielo. Murió del SIDA que contrajo en su juventud mientras vivía en la calle. La vida de Luís era una vida de amor, misericordia y perdón total, el cual derramó en adoración por su Rey. Hoy en día, en el cielo, él está lleno de alegría con su Señor y Salvador. "Dichosos los compasivos, porque serán tratados con compasión". Mateo 5:7

Jason y Kris Valloton, al igual que Luís, optaron por dejar de lado las cenizas de su profundo dolor y dijeron un "sí" costoso al gran llamamiento de Dios. Decidieron caminar en la justicia máxima donde el perdón y la reconciliación son la norma de la justicia, en lugar de la amargura y la venganza. Estoy muy orgullosa de los Vallotton y de la forma como caminaron en el amor de Dios a través de una situación extraordinariamente difícil. He visto sus vidas y he sido testigo de primera mano de la manera como decidieron perdonar y mostrar el amor de Dios.

Esta es la justicia máxima: que incluso en nuestros momentos de profundo dolor tengamos el privilegio de colaborar con Dios en su infinito amor y llegar a experimentar la altura, anchura y la profundidad de su glorioso perdón que fluye a través de nosotros hacia los demás. Este es el llamado más honroso que uno se pueda imaginar y el ministerio más grande que uno pueda concebir. Pero este ministerio es para todos nosotros. ¡Es el llamado y el mandato de amar tan profundamente que pondrá el mundo al revés!

Heidi Baker, Ph.D.
Directora Fundadora de los Ministerios Iris

Introducción
Por Kris Valloton, padre de Jason

Jamás me imaginé que alguno de mis hijos vendría a verme y me daría la noticia que me dio mi hijo Jason el día que visitó mi oficina hace tres años. Y jamás me imaginé que lo que tenía que contarme desencadenaría una de las peores pesadillas en la historia de nuestra familia. Sin embargo, me senté allí, anonadado, haciendo mi mejor esfuerzo por asimilar sus palabras.

"Papá—dijo— Heather quiere el divorcio. ¡Creo que ella tiene un amante!".

Durante los siguientes dieciocho meses vi a mi hijo retorcerse bajo el intenso dolor del rechazo, el abandono y la tristeza. Día tras día me aferré con amor a mi familia mientras repasábamos las cosas más importantes de nuestra vida tratando de darle sentido al suceso incomprensible que estábamos viviendo. Jason se aferró al Señor Jesucristo para salir adelante a pesar de no haber signos manifiestos de reparación en su matrimonio. Mi esposa Kathy y yo hicimos lo imposible por responder las preguntas inevitables de los niños pequeños de Jason y Heather—nuestros nietos—. Kathy y yo tratamos de hacer lo mejor que pudimos para consolar a nuestra familia pero también estábamos heridos—sentíamos como si nos hubieran acribillado en lo más profundo de nuestra alma—.

Yo había perdido a mi padre cuando tenía tres años de edad y tuve dos padrastros que abusaron de mí, pero nunca antes había experimentado el dolor de esa manera. Aquel día lloramos lágrimas suficientes para toda una vida.

De pronto, algo profundo comenzó a emerger a medida que avanzábamos con paso lento. Todo comenzó con mi hijo Jason, el más herido de la familia. Recibió una paz celestial mientras luchaba a través del proceso de sanidad espiritual. Decía cosas como: "Papá, Dios me mostró que somos consolados sólo cuando hacemos duelo". Entonces comencé a entender que Jason había optado por abrazar su dolor en lugar de huir de este. Cuestioné al principio la validez de su integridad. Pensé que estaba viviendo en una especie de negación de la realidad para ayudarse a lidiar con su extraordinario dolor. Con el tiempo, sin embargo, me di cuenta de que él había tomado el camino más inusual hacia la restauración que jamás haya visto. Su revelación no fue sólo inusual sino que estaba funcionando muy bien. Jason y mis nietos se estaban aliviando de su inmenso dolor y la alegría estaba regresando una vez más a su vida.

Es bastante difícil procesar el dolor cuando está relacionado con una sola transgresión, como cuando se trata de una violación o la pérdida de un ser querido; pero cuando la transgresión continúa durante varios años comienza a desafiar la verdadera condición del bienestar emocional y espiritual. Mi hijo Jason comenzó a procesar sus adoloridos pensamientos a través de la escritura de "un diario" y de algunas canciones cuando Heather se marchó. Cuando me visitaba, me cantaba de vez en cuando alguna de sus canciones o me leía algo que había escrito. Su diario estaba lleno de una sabiduría increíble y de una percepción profunda del proceso de su integridad. Comenzó a utilizar sus duras experiencias para servir a la gente en nuestra escuela de consejería y en la familia de la iglesia. Al poco tiempo estaba ayudando a cientos de personas a encontrar las llaves para abrir las puertas de su cárcel de dolor. Cuando compartía su dolor desde el podio, las personas hacían fila para contarle sus propias historias y luego escuchaban su sabiduría. Jason comparte ahora sus conocimientos y su sabiduría en este libro.

Un psicólogo de familia no fue la persona que escribió *El poder sobrenatural del perdón*. En su lugar, este libro fue escrito por dos personas humildes—un hijo cuyo corazón estaba roto en un millón de pedazos cuando la mujer de sus sueños apareció embarazada de otro hombre—, y por su padre, quien los ama a ambos. Las enseñanzas le llegaron poco a poco a Jason, y él es el único que las vivió; de modo que él escribió la mayor parte de este libro. Sólo añadí dos capítulos con mis puntos de vista y algunas reflexiones escriturales.

Nuestra oración y el deseo sincero es que las palabras de este libro se conviertan en el camino hacia su perdón y alegría. Que Dios mismo se reúna con usted mientras lee este libro y lo dirija al lugar de sus sueños.

Kris Vallotton
Padre de una familia restaurada

Prólogo
La historia de un millar de vidas

Desde que yo (Jason) era pequeño, he tenido una inmensa pasión por traer la restauración a los quebrantados. Todavía recuerdo la primera vez que escuché las historias sobre los hombres valientes del rey David ver 2 Samuel 23:8-39. Me senté allí con los ojos bien abiertos en la mesa de la cocina mientras mi padre me hablaba de aquellas hazañas increíbles. ¡Mi corazón latía con fuerza—no por la idea de matar a mil hombres sólo con el portador de mi armadura (a pesar de que esto forme parte del sueño de un niño), sino por el hecho de que estos hombres que fueron conocidos como "los valientes" fueron una vez los parias de la sociedad; los "don nadie", los infractores que no eran bienvenidos en su ciudad!

Aquel día me sentí que rebosaba de compasión por los perdidos. Las historias de algunos hombres destrozados sobrecogieron mi corazón y tomé la decisión de dedicar mi vida a la restauración de los quebrantados de corazón, incluso si ellos eran los responsables por el quebranto ocasionado.

He escuchado un gran número de historias de todo tipo de personas durante los últimos cinco años como pastor. De la mayoría de las historias que he escuchado, uno jamás se las desearía al peor enemigo. Pero cada historia (incluyendo la mía) contiene el hilo dorado de redención entrelazado en el tejido de la propia vida. Nadie puede imaginarse lo que le espera cuando la vida se comparte con otras personas.

Todo comenzó cuando nos enseñaron la manera de trepar la escalera del éxito. Nos enseñaron que todos estamos hechos para triunfar y no para sufrir. Estamos cuidadosamente preparados para posicionarnos en la vida del éxito, creyendo que la felicidad de una persona radica en la capacidad de obtener el éxito laboral y la estabilidad económica. Sin embargo, he encontrado que a pesar de cursar innumerables horas de estudio y llenar el cerebro con sueños y logros, terminamos preguntándonos cómo vivir la vida real. ¿Existe el sufrimiento?

La forma en que Dios proyectó la vida nunca fue concebida para ser algo miserable. Pero debemos saber que vivimos en un cuerpo sometido a la enfermedad y al dolor. Debemos saber que somos los primeros seres espirituales que tienen un cuerpo. Más allá de nuestra carne y nuestros huesos está el ADN de Dios mismo. Su Palabra lo dice mejor: "Y Dios creó al ser humano a su imagen... hombre y mujer los creó". Génesis 1:27

FUIMOS CREADOS PARA TENER UNA COMUNIÓN ÍNTIMA CON DIOS Y CON LOS DEMÁS PERO DE ALGUNA MANERA HEMOS PERDIDO LO QUE SIGNIFICA VIVIR EN INTIMIDAD CON DIOS

Fuimos creados para tener una comunión íntima con Dios y con los demás. Pero de alguna manera hemos perdido lo que significa vivir en intimidad con Dios. Por lo tanto, la persona promedio no tiene idea de dónde ir o qué hacer cuando el amor se enfría.

Un ejemplo de ello viene de lo que escribí en mi propio diario. Esto tendrá más sentido para usted cuando lea la historia completa. Pero, por ahora, sólo escuche la esencia de la misma:

14/12/09 1:17 A.M.

> *Así que aquí estoy, consolado por la familiaridad de mi propia cama, un lugar que conoce todo de mí. Puse repetidamente la música de Josh Garrels con la esperanza de que su letra trajera un poco del sentido de estabilidad a la inseguridad que siento ahora. Mi mente pronto reducirá el ritmo a una pausa relajada y, poco después, habré vagado una vez más por ese camino monótono en mi cerebro... ¿Cuánto tiempo tendré que esperar por ti? ¿Cuándo te encontraré? Si tan sólo tuviera un dólar por cada vez que he hecho estas dos preguntas quizás podría empezar mi propia fundación para consolar a los que tienen el corazón destrozado. El problema que tengo al estar en este punto exacto es que no hay respuestas teóricas que puedan saciar el deseo que crean estas preguntas en el fondo de mi corazón. Lo único que bastará es experimentar realmente un nuevo amor otra vez, siempre y cuando eso ocurra.*

¿Me puede usted entender? Siento hoy el peso de los dos últimos años descansando en el fondo de mi mente y recordándome dónde he estado mientras estoy sentado en casi el mismo lugar donde estuve el día que escribí esa anotación en mi diario. Puse a repetir de nuevo la música de Josh Garrels porque me canta todos los recuerdos de los últimos años que se interpretan muy bien en esa canción. La principal diferencia entre ese entonces y ahora es que ya no estoy atrapado en ese lugar de dolor, a pesar de que todavía puedo recordar los interminables días de dolor en mi corazón destrozado. Es por esta razón que hoy puedo rescribir este mensaje para usted.

Mi historia es la historia de un millar de vidas. Viví el sueño del que posee todo lo que cree bueno, protegiéndome de los males de un mundo enloquecido. Caminé por la delgada línea de la seguridad luchando por sopesar cada decisión, sabiendo que en ellas estaba la capacidad para afectar mi futuro y, sin embargo, tan cuidadoso como era, de alguna manera el dolor encontró su camino hacia mi puerta.

Al tener experiencia de primera mano con la angustia devastadora, mi mayor deseo es ayudar ahora a aquellos que están padeciendo el dolor de una vida destrozada. Al compartir los detalles de mi propia historia y mi camino hacia la plenitud espero guiar a otros de vuelta a la *inocencia* en la cual Dios los creó, y animarlos a ser personas fuertes en cada situación, independientemente de lo que hayan hecho o les hayan hecho.

Por lo tanto, no importa lo que usted haya hecho o dónde haya estado, qué tan alto haya subido o qué tan lejos haya caído; hay un camino de regreso a la plenitud, y hoy puede ser su primer paso hacia esa nueva vida.

1

Perdidamente

Mi historia es de orígenes modestos. Yo, Jason, fui criado en la pequeña localidad montañosa de Weaverville, California. (¡Cualquiera que venga de un lugar llamado "Weaverville" tiene una cantidad considerable de cosas para ponerse al día en la vida!) Sin embargo, por mucho que me guste burlarme de ese lugar montañés, fue en ese pueblo donde mi corazón aprendería a amar; y fue allí donde se formó mi individualidad mientras cruzaba de la adolescencia a la edad adulta. Históricamente, Weaverville fue mi gran tesoro al final del arco iris, un lugar donde los hombres tentaron a la suerte en la búsqueda de sus sueños. Nuestro pueblo nació en la era de la fiebre del oro. Vinieron gentes de todas partes para arriesgar todo lo que tenían con la esperanza de hacerse ricos. La mayoría de estos hombres comenzó sin nada y la mayoría se fue sin nada, salvo con la valiosa experiencia que la vida forjó en ellos, una historia muy parecida a la mía.

Al igual que *la familia Ingalls*

Mi familia es del tipo que cualquier niño pueda desear. No tenía muchas cosas porque contaba con otros tres hermanos (dos hermanas mayores y un hermano mayor) y dos padres increíbles y amorosos. Comparé siempre a nuestra familia con la de *La familia Ingalls*. Mientras crecía, sólo puedo recordar una vez que mis padres tuvieron una fuerte discusión; y aún cuando hubo un desacuerdo, todos supimos que mi papá ofrecería disculpas y todo habría terminado.

La vida en nuestra familia me recuerda la ocasión en que un oso trató de meterse por la ventana porque mi madre había orado para que el oso viniera. ¿A quién se le ocurre eso? O el día en que mi vecino llegó muy disgustado porque mi perro caminó con sus patas llenas de barro sobre el cemento recién lavado de su casa. Con toda honestidad, mi vecino necesitaba unas clases sobre el manejo de la ira, así como el mundo necesita al Señor Jesús. De alguna manera se le olvidó que vivíamos en el "Pueblo de la Tierra Roja, California", donde es imposible mantener limpio el cemento sin importar lo furioso que uno se ponga.

EL DRAMA EN NUESTRA CASA SE PARECÍA A LA OCASIÓN EN QUE UN OSO TRATÓ DE METERSE POR LA VENTANA PORQUE MI MADRE HABÍA ORADO PARA QUE ESTE SE ACERCARA. ¿A QUIÉN SE LE OCURRE ESO?

Bueno, no quiero dar la idea de que no había momentos difíciles en nuestra casa; es sólo que no capté la mayor parte de ellos. Fue hasta cuando fui mucho mayor que comencé a darme cuenta de lo mucho que les costaba a mis padres que viviéramos allá.

Mis padres poseían y trabajaban en varios negocios, los cuales estaban todos en la industria automotriz. La reparación de automóviles ha estado en la sangre de mi padre desde que era joven. Fue una destreza que aprendió desde niño por haber seguido a su abuelo al rededor de la granja. Mi bisabuelo fue un buen chico de antaño. Dentadura postiza, un par de overoles y un gran corazón, son las palabras principales que alguien usaría para describirlo. Fue el único hombre que le dio a mi padre todo el sentimiento de amor paternal mientras crecía, debido principalmente al hecho de que a la corta edad de tres años su propio padre se ahogó mientras trataba de llevar nadando su bote averiado hacia la orilla—una pérdida que dejó a la familia empobrecida y con cicatrices emocionales—. Pasarían muchos años antes de que el trauma en la vida de mi padre encontrara un lugar de descanso. Su pasión por los automóviles se convirtió en un faro de esperanza en medio de la tormenta. Fue en ese punto donde se conectó con el amor de su abuelo y se sintió más vivo.

Pero el negocio del automóvil resultaría ser difícil. Aunque mi padre era el mejor mecánico del pueblo y podría decirse que era el mejor en toda la zona, vivíamos en un pueblo de 3.000 personas donde la industria principal era la explotación forestal. Mis padres pasaron más de veinte años en el negocio de los autos manejando tiendas de autopartes y gasolineras, siguiendo principalmente el arco iris hacia el tesoro como lo hicieron muchas personas antes que ellos. Y, como muchos otros, dejaron esos tiempos sin más que la sabiduría que traen los días difíciles con la esperanza de un horizonte más brillante.

Siempre había suficiente en nuestra casa, sobre todo suficiente amor; pero fueron la sangre, el sudor y las lágrimas los que produjeron la cosecha. A mi padre se le encontraba a menudo andando de un lado para otro en la madrugada el día antes de pagar la nómina, orando y preguntándose cómo iba a hacer alcanzar el dinero. Fue una tarea ardua para un hombre que había empezado con nada.

¿Me enamoraré alguna vez?

Mi papá es mi héroe. Es mi mejor amigo y siempre lo ha sido. Hemos creado tradiciones que seguimos fielmente y que nos ayudaron a establecer vínculos afectivos como en la mayoría de las relaciones padre-hijo. Una de estas tradiciones se remonta tan lejos como puedo recordar. Cada vez que me subía a nuestro automóvil con mi padre, *siempre hablábamos de chicas*. Cubríamos todo el tema desde *cómo tratar a una dama* hasta *qué cualidades debería yo buscar en una mujer*. Mi padre era un maestro en sacarme información sin que yo supiera lo que él pretendía. Eso es lo que yo llamo el "truco mental del Jedi".

Antes de que yo supiera qué estaba pasando, él filtraba la información y yo debía responderle con sinceridad. Ahora yo estaba entablando una conversación embarazosa, con las palmas de mis manos sudorosas y la garganta reseca. Recuerdo que me encogía un poco en mi asiento para prevenirme de las preguntas que estaban a punto de ser dirigidas hacia mí. Lo más gracioso de todo eso es que estos son los más preciados recuerdos de mi infancia. Cuanto más le temía a ese momento, más me encantaba.

Mi historia de amor comenzó realmente en uno de esos paseos en el automóvil con mi padre. Durante años, cada miércoles por la noche hacíamos el viaje de 32 kilómetros por las montañas hasta Lewiston para jugar baloncesto y compartir con algunos delincuentes juveniles. Esto nos proporcionaba un montón de tiempo "en el automóvil" mientras hacíamos el viaje de ida y vuelta cada semana.

En cierto viaje en particular, mi padre y yo discutíamos la teoría del amor entre un hombre y una mujer. Yo tenía apenas 15 años y estaba lleno de preguntas. Habíamos tenido antes esta conversación un centenar de veces pero esta noche era diferente. Comencé a sentir algo que jamás había sentido. Sentí un irresistible deseo de amar y ser amado por una linda chica. Hasta este día había tenido un interés escaso en las niñas, pero ahora mi impulso por buscar mi chica había consumido todo el espacio disponible en mi cerebro. Este es el espacio que se utiliza normalmente para procesar al tipo de mujer que un hombre desea. Ahora estaba aquí, comenzando a preguntarme en voz alta mientras le descubría a mi padre este impulso de mi corazón: "Papá, ¿me enamoraré alguna vez?".

Pero al mismo tiempo pensé en la respuesta de mi padre: "*Sólo tienes 15 años. ¿Cuál es la prisa?*

Usted podrá entender mejor mi historia si le digo que los hombres en nuestra familia se enamoraban desde muy jóvenes. Mi padre marcó la tendencia cuando le pidió matrimonio a mi madre cuando ella sólo tenía 13 años de edad. Siendo el oportunista que es, mi padre sintió que no había necesidad de perder el tiempo en titubear con todos los detalles inútiles en que puede incurrir un noviazgo. ¡Se decidió por ella, así que selló el acuerdo en seguida! Pero yo estaba allí sentado, derramando mi corazón, tratando desesperadamente de encontrar alguna esperanza para curar este ferviente anhelo dentro de mí.

— ¿Me enamoraré alguna vez?" — le pregunté tímidamente a mi papá.

Mi padre me contestó entonces con plena confianza:

— Sí, lo harás, hijo. Te enamorarás.

De alguna manera, la respuesta de mi padre reveló una pregunta todavía más profunda en mi alma: *¿Tengo lo que se requiere para enamorarse?*

Al meditar en este asunto me embargó la incertidumbre en el corazón.

Una princesa en una vida de segunda mano

Es curioso observar cómo algunas épocas de mi vida han cambiado mi carácter sin que yo tuviera ninguna conciencia de ellas hasta que el cambio me atacó directamente al corazón. Cuando esto me ha sucedido me siento como un barco que fue golpeado por una ola gigante y me quedo luchando por encontrar mi propio rumbo en medio del caos. Este cambio de época, en particular, probaría no ser distinto a los demás.

Ella era una reina de belleza, algo que yo nunca había visto antes. Bueno, por lo menos, una de esas que no me miraban. Ella tenía todos los elementos necesarios de alguien que podía sacar el "tarado" que hay en mí. Usted sabe de lo que estoy hablando—sólo su mirada en dirección aproximada hacia mí me dejaba titubeando en busca de palabras—, tal como sucede al hombre que tropieza con las vallas en una carrera de 100 metros planos, un espectáculo lamentable para todos los que lo presencien.

Por alguna razón yo no podía hacer que mi cerebro se conectara con el resto de mi cuerpo mientras estaba en su presencia. Para calmarme un poco me recordaba continuamente sobre la historia de la liebre y la tortuga: "Lento pero seguro se gana la carrera".

Después de todo, ella vivía en la casa de mi mejor amigo.

La historia de cómo conocí a Heather es muy interesante, y tal vez también un poco confusa. Mi mejor amigo del bachillerato (y aún hoy en día) es Jerome Evans. Los padres de Jerome (Wes y Kathy) tienen un gran corazón por las personas que podrían necesitar una ayuda en la vida. Eran conocidos por acoger a todo tipo de niños que necesitaran un hogar para quedarse y que les hiciera falta un buen amor "a la antigua." Uno de esos niños terminó siendo Amanda McKay, la mejor amiga de Heather.

Amanda, así como Heather, también era una de esas chicas que podía sacar lo tonto que hay en un muchacho. Con el cabello largo y rubio, y los ojos grandes y azules, Amanda era "la chica" en el equipo de las porristas que les dieron a los chicos una razón para quedarse en el partido de baloncesto mucho tiempo más después de una gran derrota.

Uno de los atributos más bellos de Amanda no era sólo que ella pudiera amenizar el lugar donde estuviera sino que amaba a Dios. Era una inspiración para todos los que estaban a su alrededor, sobre todo para Heather, y también para los muchachos que querían salir con ella. Pero permítame regresar con Heather.

Una niña en un mundo de adultos

Heather creció en un contexto familiar disfuncional. Las palabras duras y el amor ausente eran la norma para ella. En esos años su mamá estaba emocionalmente perdida, incapaz de atender las necesidades de una niña. Su papá estaba en algún lugar más allá de la frontera canadiense persiguiendo un nuevo sueño. La mayor parte de su juventud la pasó viviendo de casa en casa, y terminaba por lo general en la casa de su abuela o su tía. Conforme pasó el tiempo, Heather comenzó a cansarse de la vida nómada. Necesitaba un comienzo nuevo, un lugar donde pudiera encontrar la paz que trae la estabilidad. Así que, a los 16 años, con grandes esperanzas y la promesa de un horizonte nuevo, empacó sus maletas y se dirigió al oriente, a Salt Lake City, una niña en un mundo de adultos.

No pasó mucho tiempo antes de que su vida estuviera a plena marcha. Un trabajo de 60 horas a la semana y las madrugadas consumieron la mayor parte de su tiempo disponible. Pronto las horas extenuantes de trabajo y la falta de amigos empezaron a tener un grave efecto en su vida: *El pasto no era tan verde como Heather se lo había imaginado.*

Una vez más Heather había llegado a su punto más bajo de desánimo, y una vez más estaba lista para un cambio. Fue durante esa época que Amanda fue a visitarla a Utah. Amanda, que era una niña optimista y contagiosa, siempre le trajo sobrada esperanza a Heather. El amor de su mejor amiga era algo que Heather necesitaba profundamente durante esa época.

AMANDA, SIENDO OPTIMISTA Y CONTAGIOSA, SIEMPRE LE TRAJO SOBRADA ESPERANZA A HEATHER. EL AMOR DE SU MEJOR AMIGA ERA ALGO QUE HEATHER NECESITABA PROFUNDAMENTE DURANTE ESA ÉPOCA.

Durante las siguientes semanas Heather comenzó a darse cuenta de lo mucho que se estaba perdiendo en la vida. Comenzó a observar cómo Amanda tenía dos padres maravillosos que la amaban, algo que a Heather le hacía falta desesperadamente. La decisión en sí misma no era algo complicado; Heather sabía que necesitaba lo que Amanda tenía. Estoy seguro de que Wes y Kathy probablemente lo estaban esperando, y aún si no lo estuvieran, recibieron con alegría la llamada telefónica de Amanda. "Papá, ¿puedes venir a recogernos a Heather y a mí? Ella quiere vivir con nosotros".

De camino a casa desde Utah, Heather experimentó la alegría que Amanda tenía en su vida al entregarle su corazón al Señor Jesucristo. Hasta ahora había estado "deambulando" por este mundo como una princesa viviendo una vida de segunda mano. Este era el nuevo comienzo que había estado buscando desesperadamente.

Perdidamente

Las noticias de su llegada se llevaron toda mi atención. Conocí a Heather cuando yo tenía sólo 14 años. Puedo recordar aquel momento incluso hoy en día. Ella estaba sentada en el césped del parque sobre una manta que ella había tejido a mano. Con su pelo castaño suelto y sus ojos verdes intensos, llevaba puesto un atractivo suéter rojo y marrón; se veía *extraordinaria*. Ese día era el cuatro de julio, fiesta nacional de los Estados Unidos, y yo era el hombre más afortunado del pueblo porque estaba con la Amanda rubia de ojos azules *y* su mejor amiga, Heather. *¡Gracias, Señor Jesús!*

Sobra decir que yo estaba un poco emocionado de escuchar, no sólo que Heather había llegado al pueblo y había nacido espiritualmente de nuevo, sino que también se mudaba a la casa de mi mejor amigo. Sólo había un problema: En ese momento de mi vida yo no era lo que uno llamaría un "atleta". Al contrario, ¡yo era prácticamente un "nerd"!

Después de haber tenido aquella "conversación" en el automóvil con mi padre acerca de "encontrar el amor", yo había pasado una buena cantidad de tiempo en la búsqueda de una amiga. Sin embargo, en un pueblo de 3.000 habitantes las opciones de encontrar a *la* chica son bastante limitadas, sobre todo cuando uno es un muchacho que todavía está orando para que se produzca la pubertad. Ahí estaba yo con mi ingenuidad, tratando desesperadamente de inducir mi proceso de maduración lo más rápido posible. Mi presentimiento era que al hacer un chirrido con mi voz, cada palabra pondría en marcha la testosterona dentro de mí. No recuerdo si eso fue realmente efectivo pero los momentos desesperados exigen soluciones rápidas, y en ese instante la situación se estaba poniendo desesperante. ¡Escuché que Heather había llegado al pueblo y necesitaba hacer algo pronto!

Nuestra relación comenzó casi sin que ella se diera cuenta, a menos que uno incluya el hecho de que iba todas las noches a su casa (para visitar a mi mejor amigo, Jerome). Sabía muy en el fondo de mi alma que no había forma de que Heather se enamorara de un tipo como yo. De hecho, mis amigos pensaban lo mismo, incluso la mejor amiga de Heather, Amanda.

Recuerdo haber tenido una conversación con el novio de Amanda que también era mi amigo en el equipo de baloncesto. Le expresé que estaba un poco interesado en Heather. "En realidad, creo que ella me está matando" — le dije. Él se rió con sarcasmo y me dijo: "Estás soñando; ella jamás se interesaría por ti".

Heather estaba acostumbrada a relacionarse con chicos que la perseguían día y noche y que podían lanzar una pelota de fútbol americano a 400 yardas y correr las 40 en menos de un segundo. Usted sabe de lo que hablo... esos chicos atletas que yo ni siquiera podía mirar a los ojos porque su mirada se le derrite a uno en la cabeza... esos chicos... Y allí estaba yo, practicando mi voz chillona para conquistar a Heather. Recordando esos días puedo ver que mis amigos no estaban siendo malos conmigo; sólo trataban de protegerme de lo inevitable.

No soy la clase de hombre que se da por vencido ante la primera señal de oposición. A la hora de la verdad, sé cómo perfumarme con un poco de *Old Spice* y tomar una ducha todos los días. Todo este asunto trataba de mantener mi rumbo deseado, asegurándome de llevar mi mejor juego en el campo local en cada oportunidad que se presentara.

Heather y yo nos veíamos por lo general unos cinco o seis días a la semana porque estábamos juntos en el grupo de jóvenes de la iglesia (sin mencionar que yo vivía prácticamente en la casa de Jerome). Cuanto más tiempo pasaba con ella, más comenzaba a enamorarme perdidamente. Después de todo, ella era increíblemente hermosa, muy divertida, le encantaban los deportes y quería salir a caminar por la playa. Algo que me encantaba era que olía muy bien, y esto no es algo común en Weaverville.

Sin embargo, lo que me más me atrajo de ella fue la relación espiritual que tenía con el Señor Jesucristo. ¡Esta chica era una perla preciosa! Venía de un lugar de profundo quebrantamiento y soledad a un lugar de libertad en tan sólo un período corto de tiempo. Jamás había visto antes en mi vida a alguien que tuviera una transición como esa, incluso ahora. Había aceptado al Señor Jesucristo hacía sólo dos meses y ahora estaba literalmente ardiendo de pasión. Yo podía ver cómo esta chica se transformaba cada día ante mis ojos.

Enamorado

Habían transcurrido dos meses desde que Heather se había mudado a la casa de los Evans y yo no estaba seguro cuánto más de esta tortura podría soportar. ¡Esta chica me estaba encantando cada día más! Justo en el momento en que decidí proteger mi corazón para mantenerlo a salvo, recibí la noticia que había esperado escuchar toda mi vida. Todo sucedió una noche en la cafetería local (*The Mamma Llama*). Este fue el lugar que frecuentaban todos los "chicos con estilo" del grupo de jóvenes, los sábados por la noche. La mayoría de los demás chicos de la escuela iban a fiestas, a beber y a "besuquearse" en la calle, pero no nosotros, los del grupo de jóvenes de la iglesia. Nosotros estábamos en la cafetería tomando gaseosas italianas.

Así que yo estaba allí pasando el rato con todos mis amigos. Se estaba haciendo tarde en la noche y yo estaba en necesidad de un cambio de escenario. Después de algunas sugerencias, Jerome y yo, y algunas otras personas, decidimos ir a mi casa por un rato. ¡Mientras estábamos en el automóvil Jerome procedió a contarme que me tenía la mejor noticia que jamás había escuchado! Ahora bien, yo ya sabía lo que iba a decir. Me iba a contar que había hecho un pedido de una escopeta nueva Remington 11-87 para la temporada de caza de patos, y si tenía suerte, me iba a dejar ensayarla.

Para mi sorpresa, Jerome empezó a contarme que había acorralado a Heather en la cafetería y le había preguntado qué pensaba de mí. Los próximos 10 minutos de esta historia son borrosos, como ver la película de *Matrix* cuando Neo esquiva las balas. Mientras conducía, Jerome dijo a pleno pulmón: "¡Ella piensa que eres guapo!".

¡SOY GUAPO! (*el automóvil viraba bruscamente por todas partes*). No estoy seguro de que hubiera tenido antes aquella sensación, pero justo en ese momento entré por completo en el *modo de Matrix* y el mundo redujo la marcha a paso de tortuga. Era como si yo pudiera contar cada letra que salía de la boca de Jerome. Entonces sentí que estaba completamente envuelto en la serenidad de ese momento... *Alguien me quiere—la persona a quien he querido más que a cualquier otra—*.

Sólo había hacer una cosa que un hombre puede hacer en tal situación. ¡Tenía que regresar a la Cafetería Mamma Llama y llevar a Heather a la casa! Sin ninguna vacilación le di vuelta al automóvil y llevé a todos mis amigos al punto más cercano (que es cualquier lugar en Weaverville). Después de muchos deseos de "buena suerte" me armé de valor. Yo estaba seguro de que ella era la chica que sacaría el "tarado" que había dentro de mí. Sabía muy bien lo que estaba a punto de ocurrirme tan pronto como diera un paso ante ella. Sabía que ella iba a mirar en mi dirección, y en ese instante mis rodillas estarían listas para tocar con la banda de música en el descanso del partido de fútbol americano Rose Bowl.

YO ESTABA COMPLETAMENTE ENVUELTO EN LA SERENIDAD DE ESE MOMENTO. ALGUIEN ME QUIERE... LA PERSONA A QUIEN HE QUERIDO MÁS QUE A CUALQUIER OTRA.

Me dirigí con cuidado hacia ella con las manos sudorosas, con mis rodillas tocando la "Marcha Militar" y mi corazón latiendo a 10.000 revoluciones por segundo. Me decía a mí mismo: *lento pero seguro se gana la carrera; no trate de comerse una vaca entera de un solo bocado; sólo diga algo sencillo como: "Hola, ¿cómo estás?"*.

Tuvimos una conversación llena de chistes y risas hasta el final de la noche. Lo único que quedaba por hacer aquí era llevarla a su casa. Mi Pontiac 6000 era casi lo único que tenía para ofrecer a esta chica. Ese automóvil no era la pieza más llamativa de maquinaria en el mundo pero había estado conmigo en las duras y las maduras. En realidad, sólo algunas semanas antes de esa noche lo había utilizado para transportar un venado que había cazado. Este automóvil había sido el amigo fiel de muchas "primeras citas" en nuestra familia, sobre todo porque se trataba de una sucesión de mis padres a todos mis hermanos; y como yo soy el menor, puedo decir sin miedo a equivocarme que este vehículo había tenido *días mejores*. Sin embargo, Heather no tenía un automóvil, así que para mí, esta era la oportunidad perfecta para sacar provecho de esta situación. Entonces dejé salir nerviosamente estas atrevidas palabras: "¿Te gustaría que te llevara a casa?". Con una rápida aceptación de parte de ella nos fuimos felices.

De camino a casa yo pensé que tenía alrededor de dos minutos para cobrar suficiente valor para invitarla a salir. Todo en Weaverville queda a cinco minutos en automóvil, de modo que tenía que actuar rápido. Estoy bastante seguro de que tengo la misma determinación que mi padre cuando se trata de cerrar un trato. Una vez que sé que quiero algo, tengo que tenerlo sin demora.

De camino a casa, sabía que tenía alrededor de dos minutos para cobrar suficiente valor para invitarla a salir. Todo en Weaverville queda a cinco minutos en automóvil, de modo que tenía que actuar rápido.

Más tarde, mi mentalidad *tipo microondas* volvería a atormentarme, pero no esta noche. El momento en que nos detuvimos a la entrada de su casa pensé que si no le pedía a esta chica que saliera conmigo, el sol se caería del cielo y la tierra entera empezaría a arder. Así que le hice la pregunta: "Um… ah, quisiera que tú…quiero decir… me gustaría mucho… salir contigo en algún momento… si te parece bien…".

Ella respondió con más confianza que yo. "¡Sí, me encantaría!".

"Está bien. ¿Qué tal el sábado a las seis?".

"¡Sí, eso sería genial!".

Ahora me alegro de que no hubiera una cámara en el automóvil esa noche, de camino a mi casa. De seguro se habría convertido en un video de *YouTube* con más de un millón de interesados. Eso era todo lo que yo podía hacer para no manejar a más de cien millas por hora y en círculos continuos. En lugar de hacer eso grité a pleno pulmón y golpeé el volante de mi auto con regocijo. ¡Acababa de invitar a salir a la mujer de mis sueños y había dicho SÍ!

El camino al carril del destino

No pasó mucho tiempo en nuestra relación hasta cuando descubrimos nuestro amor el uno por el otro. De hecho, creo que fue en el séptimo día de nuestra "relación" cuando intercambiamos las encantadoras palabras "¡Te amo!". Ella estaba enamorada de mí, y yo estaba enamorado de ella. ¡Esta era una pareja ideal! Heather y yo comenzamos a construir una relación para toda la vida durante los siguientes dos años. Ambos estábamos decididos a sembrar fortaleza y amor entre nosotros. Nos dedicamos juntos al éxito de nuestra relación y nuestro futuro.

Heather y yo comenzamos como dos jóvenes ingenuos y fieles. Acordamos nuestro plan preventivo de pureza para no tener relaciones sexuales antes de casarnos, y estábamos avanzando en el camino a la suite matrimonial. Todo era increíble hasta unos seis meses antes de la fecha de nuestra boda. Heather y yo habíamos crecido en mundos opuestos. Yo era uno de los niños de *La familia Ingalls* y ella era la niña a quien le tocó "valerse por sí misma" para que la reconocieran. Durante toda la escuela secundaria fui el muchacho que usaba camisetas blancas porque quería recordarme a mí mismo que era puro. Hice un pacto con Dios a los trece años de edad de que me iba a mantener sexualmente puro hasta el día que me casara. Heather no tuvo la misma oportunidad, ni tuvo la crianza que le permitiría tener ese estilo de vida.

Mirando hacia atrás, todo está ahora más claro que el agua: llegó un momento en que Heather decidió que no podía seguir adelante con la boda.

Llamó a mi padre una tarde. Estaba totalmente quebrantada y le pidió si podía hablar en privado con él. Mi padre, quien ama a Heather como a uno de sus propios hijos, dejó lo que estaba haciendo y la invitó a casa. Cuando llegó, él podía notar que ella había estado llorando bastante tiempo. A través de sus lágrimas comenzó a explicarle a mi padre por qué no podía casarse con alguien que nunca había hecho nada malo, cuando ella había vivido una vida tan destrozada. Simplemente, no le parecía correcto casarse conmigo.

Mi padre, lleno de compasión, comenzó a explicarle cómo la muerte del Señor Jesucristo en la cruz sana nuestro corazón y perdona nuestros pecados. Le explicó que cuando le pedimos perdón a Dios, él ya no recuerda nuestros pecados, y estos son totalmente borrados.

Ese día fue un momento decisivo en la vida de Heather. Ella se sintió limpia por primera vez en muchos años. Debido al perdón de los pecados por la muerte de Cristo en la Cruz, Heather tenía finalmente algo por lo que valía la pena luchar— ¡su pureza! Hicimos el intercambio de votos matrimoniales sólo seis meses después. Aquel fue el día más hermoso de mi vida. Ella estaba allí, montada en un gran caballo marrón, cautivando totalmente a todos los asistentes con su vestido de novia color crema... y ella era toda mía. La vida para nosotros acababa de comenzar.

La vida en el carril rápido

A los 18 años, ¿qué sabe realmente una persona acerca de la vida? Toda persona de 18 años piensa que tiene todo resuelto; pero para mí, no pasó mucho tiempo para descubrir que la vida estaba a punto de cambiar, así me gustara o no. Esta sería la historia de nuestro matrimonio durante los próximos nueve años.

Heather y yo disfrutamos de una breve luna de miel y la vida estaba ahora en plena actividad para los dos. Vivimos en una pequeña y pintoresca casa blanca de dos habitaciones en Weaverville. Yo trabajaba para los negocios de mi padre repartiendo autopartes y Heather se encargaba de llevar las cuentas para mi madre. No se si alguna vez usted ha trabajado para la familia, pero esta puede ser la mejor o la peor experiencia de la vida. Por una parte odiaba la monotonía de repartir autopartes aunque estaba contento de ver a mis padres todos los días. ¿Qué futuro hay en eso? Sin embargo, si hay algo que mi padre me enseñó acerca de la vida fue la necesidad de empezar trabajando desde abajo y ascender por los propios esfuerzos. Él es un experto en eso, y eso sería algo a lo que me daría fuerzas por el resto de mi vida.

Comenzamos a tener hijos de buenas a primeras, al mismo ritmo que comenzamos todo lo demás en nuestra vida. Apenas llevábamos dos meses de casados y Heather ya estaba embarazada.

¡Qué respuesta tan maravillosa a la oración: íbamos a tener un hijo! Me convertí en el padre de Elijah Cannon Vallotton el 23 de agosto de 1999. Este fue realmente el mejor día de nuestra vida.

SI HAY ALGO QUE MI PADRE ME ENSEÑÓ ACERCA DE LA VIDA **FUE LA NECESIDAD** DE EMPEZAR DESDE ABAJO Y ASCENDER POR LOS PROPIOS ESFUERZOS. ESO SERÍA ALGO A LO QUE ME AFERRARÍA POR EL RESTO DE MI VIDA.

Cuando yo tenía 24 años, el pesebre estaba lleno de niños y la vida corría a velocidades vertiginosas. Heather era una buena ama de casa con nuestros tres hijos mientras que yo me ganaba el pan de cada día.

De la niñez a la madurez

Mirando atrás, es increíble lo rápido que cambiaron las etapas importantes en mi vida al pasar de recién casado y de repartir autopartes, a ser el padre de tres hijos ya listo para comenzar la profesión de mis sueños. Nos mudamos a Redding, California y en cinco años tenía mi trabajo ideal. Siempre quise pastorear a otras personas, desde que puedo recordar. Nunca quise ser "el mandamás" que predica en la iglesia, sino más bien un miembro vital de un equipo más grande. Desde que era un niño he tenido un corazón inclinado a transformar a las personas destrozadas para que descubran su propia identidad, dada por Dios.

Hice la transición hacia el ministerio eclesiástico en el año 2005 y me convertí en el pastor de la iglesia que dirigía la *Facultad de enseñanza bíblica Bethel*. La vida para Heather y yo jamás había sido mejor. Lo habíamos logrado todo en el camino desde el noviazgo hasta el matrimonio y a través de las pruebas normales que el tiempo trae. ¡Estábamos en casa, con tres hijos hermosos, un trabajo de ensueño y un nuevo horizonte!

2

El infierno
vino a desayunar

Hay muchos momentos que vivimos en esta tierra sólo para olvidarlos al día siguiente. Este no es uno de esos momentos. Aunque no puedo decirle la fecha y la hora exactas, puedo recordar claramente lo que ocurrió aquel día nefasto. Había empezado a leer el libro *1776*, la perspectiva fascinante del historiador David McCullough sobre el comienzo de la Guerra de Independencia. No me considero un aficionado a los libros ni nada cercano a ello. En realidad, si un libro tiene más de 300 páginas, esto suele ser suficiente para disuadirme de leerlo. Sin embargo, luego de ojear brevemente el libro no puede dejar de leerlo. Las historias de nuestros valientes antepasados, que dieron todo lo que tenían para ganar nuestra libertad como nación, cautivaron mi corazón. Estos hombres tenían algo por lo que valía la pena vivir.

No tenía la menor idea de lo que llegaría a mi corazón al mirar atrás, a la época de la lucha de Estados Unidos. No sabía que en tan sólo unos meses mi vida entera iba a desmoronarse y que tendría la oportunidad más grande para hacer frente al tipo de dolor que forma el carácter.

Una oración para cambiar

Así que, ahí estaba yo en ese fatídico día, conduciendo por la calle Benton y pensando: *Quiero tener el carácter de George Washington*... Ahora bien, si hubiera sido inteligente habría detenido allí mis pensamientos. Pero por alguna razón hice lo que nadie jamás debería hacer si uno supiera el costo: trasladé esa idea de mi cerebro a mis labios. Antes de que pudiera detenerme le dije al Señor en voz alta: "Quiero tener el carácter de George Washington".

No estoy completamente seguro por qué estas cosas suceden siempre de esta manera, pero así es. Uno puede orar mil oraciones, pero parece que la que el Señor decide contestar la que uno *jamás* debería haber orado (algo que tenga que ver con la formación del carácter).

UNO PUEDE ORAR MIL ORACIONES PERO PARECE QUE
LA QUE EL SEÑOR DECIDE CONTESTAR ES LA QUE UNO
JAMÁS DEBERÍA HABER ORADO.

Si hubiera pensado un poco más al respecto me habría dado cuenta de lo que estaba pidiendo. George Washington no fue un hombre que viviera una vida sin pruebas. Escribió una carta a su madre en 1755, después de la guerra entre los franceses y los indios, diciendo que había escapado ileso, pero "...tuve cuatro impactos de bala en mi abrigo y dos de mis caballos recibieron disparos mientras los montaba". Se dice de George que él creía que no podía morir hasta que fuera su "tiempo señalado", de modo que hacía esas proezas descabelladas de valor contra todos los pronósticos, con poco o ningún temor. Y aquí estaba yo, orando que tuviera el carácter de él.

Bueno, como dice la Biblia: *"Pidan, y se les dará"*. Lucas 11:9 ¡Estaba pidiendo y recibí! No se si alguna vez usted haya tenido una experiencia similar, pero en unos cuatro meses mi vida estaba completamente en llamas. Todo lo que había sido estable pronto comenzó a tambalearse. Este proceso comenzó cuando un familiar muy cercano atravesó por un ataque de nervios terrible. Pasé muchas horas en oración y en conversaciones telefónicas con esta persona, luchando por conseguir un avance, creyendo que la tranquilidad tan solo estaba a la vuelta de la esquina.

Había hecho muchas sesiones de consejería en mi trabajo, y había ayudado antes a varias personas en estos mismos tipos de asuntos. Pero otro miembro de la familia sufrió un ataque similar, dos meses más tarde. *¿Qué estaba pasando?*

Todo este proceso comenzó en octubre del año 2007, y ahora era diciembre. A veces no soy la persona más "afinada" espiritualmente, pero hasta yo pude notar que *el infierno vino a desayunar en mi casa*. Mis esperanzas eran que esta visita fuera pasajera. Lamentablemente, sólo era el comienzo de lo que tomaría casi dos años para mi vida.

Cuando baja la temperatura

De esta manera estaba yo, literalmente en medio del invierno, comenzando lentamente a sentirme más frío en mi interior de lo que me había sentido antes. Nunca había tenido a algún familiar cercano que pasara por algo como esto, y mucho menos dos al mismo tiempo. Me di cuenta, conforme pasaban los días, de que no iba a haber una solución rápida. La noche oscura había llegado a mi alma aparentemente para quedarse.

No hay un sentimiento como este de ser un espectador impotente ante un desastre familiar. Ver a los seres queridos, día tras día, temblando ante la idea de tener que enfrentarse a otro amanecer le hace mucho daño al alma del hombre. La inercia es una fuerza que debemos tener en cuenta. Una vez que el tren se pone en marcha, es como un oso que necesitamos detener, y ¡las cosas estaban a punto de empeorar!

Llegó febrero y habían pasado cuatro meses desde el comienzo de todo esto. Recibí el nuevo mes con los brazos abiertos. Esperaba la brisa matutina y la libertad de aquellas noches largas y oscuras que habían sido un peso constante.

A medida que el mes comenzó a transcurrir, no pasó mucho tiempo antes de que comenzara a darme cuenta de que me sentía más solo que de costumbre en la casa. Una cosa que hay que entender es que "sentirse solo en mi casa" era casi un imposible. Tengo tres hijos: Evan, mi hijo menor, tenía cuatro años; Rilie, mi princesa, tenía seis años; y Elijah, el mayor, tenía ocho años; y por supuesto, mi bella esposa Heather, con quien había estado casado durante nueve años. El "tiempo a solas" en mi casa sólo existía entre las 12:00 A.M. y las 6:00 A.M., si tenía suerte. Las otras 18 horas las pasaba llenando vasitos de jugo con tapa, jugando a la lucha libre en la sala y atendiendo todas las necesidades conocidas para el padre de tres hijos. ¡Nunca había un momento aburrido en esta casa! Sin embargo, mi sensación de estar "solo en casa" no fue producto de la ausencia de alguna persona sino de la ausencia de "conexión". ¿Qué era esto?

AL PRINCIPIO, NO ESTABA PREOCUPADO EN ABSOLUTO POR MI ESTADO EMOCIONAL. ESTA NO ERA LA PRIMERA VEZ QUE ME HABÍA SENTIDO SOLO EN MI CASA Y ESTABA SEGURO QUE NO IBA A SER LA ÚLTIMA.

Si usted ha estado casado durante una cantidad significativa de tiempo, usted sabe que esto no es un incidente anormal, sino más bien una temporada por la que a veces pasan los amantes. Me sentía solo y no sabía por qué. Al principio no estuve preocupado en absoluto por mi estado emocional. Esta no era la primera vez que me había sentido solo en mi casa, y estaba seguro que no iba a ser la última. Pero esta vez ocurrió en una manera diferente.

Hubo demasiados factores coadyuvantes que alimentaron los sentimientos que tenía en mi interior. Algunos de ellos se debían a un accidente automovilístico de mi esposa. Le cerraron la vía mientras conducía a 113 Km/h por la autopista y una camioneta todoterreno la chocó por el costado dejándola con cuatro costillas rotas, un pulmón perforado y algunos dientes rotos. A pesar de que se había recuperado de todo eso, a veces le molestaban sus costillas y el dolor la obligó a dormir en el sofá de la sala durante varias semanas. Como probablemente puede imaginarse, esto no ayudaba en absoluto a nuestra relación matrimonial.

Por mi parte, sentía también una gran preocupación por lo que mis familiares estaban atravesando y esto amenazaba mi sentido de paz general. Además, yo era el padre de tres niños con mucha energía. Así estaba yo pasando por uno de esos momentos en que uno necesita que surta efecto la parte del compromiso del amor. Yo necesitaba a Heather.

Después de una semana de sentirme solo me di cuenta de que esto no iba a desaparecer por sí solo. Necesitaba hacerle saber a Heather cómo me estaba sintiendo para que pudiera ayudarme a corregir nuestra falta de conexión. Heather siempre fue muy buena para escucharme y para colaborar de su parte para ayudarme. En realidad, nunca tuvimos problemas para compartir nuestros sentimientos y para solucionarlos de alguna manera. Sin embargo, esta vez fue angustiosamente diferente. Cuanto más comenzaba a ser franco y a hacerle saber mis angustias, más lejos parecía estar ella. Sentí como si fuéramos imanes que de alguna manera se habían volteado y la conexión se había vuelto totalmente opuesta. En este punto, yo comprendí que el problema estaba fuera de mi alcance y que tenía necesidad de intervención.

Algo anda muy mal

Durante el último año y medio Heather y yo habíamos asistido a la orientación matrimonial una vez al mes. A diferencia de la mayoría de las personas, no creo en la espera para recibir ayuda cuando todas las cuatro llantas están desinfladas y el motor está en llamas. Además, creo firmemente en el crecimiento personal a partir de la vida de las otras personas. Uno de mis padres espirituales es nuestro consejero de familia de planta en la Iglesia Bethel, y como somos familia para él, tuvimos el privilegio de reunirnos regularmente. Envié el mensaje de SOS a Danny después de haber transcurrido una semana de sentirme totalmente abrumado y desconectado.

La oficina de Danny era un lugar al que me había acostumbrado a ir, y pensaba que esta reunión iba a ser como las anteriores. Heather y yo nunca habíamos tenido realmente demasiados problemas en nuestro matrimonio; pues en verdad, no peleamos ni nada de eso. Así que me imaginé que yo iba a compartir mi versión, y ella la suya. Luego Danny nos daría su "solución mágica" y estaríamos listos para irnos a casa. Al menos eso era lo que yo esperaba.

En cuanto nos sentamos en su oficina, Danny le pidió a Heather que compartiera lo que estaba ocurriendo en su corazón. Las primeras palabras de su boca fueron dirigidas hacia mí: "Jason, ¿quieres salir del cuarto o quieres quedarte para escuchar esto?". Ella no se había desahogado en absoluto conmigo aquella semana y comprendí de repente que ella iba a descorchar una botella de dolor. Estando totalmente asustado de lo que estaba por venir, le pedí prudentemente que continuara. Entonces Heather comenzó a decirme con la cara llena de lágrimas: "Jamás he estado enamorada de ti…no tengo ninguna visión para nuestro futuro y no siento que tú tengas alguna pasión por mí. Siento como si estuviera muriendo lentamente en esta relación".

Conforme ella continuaba hablando, sólo la miré, preguntándome de qué estaba hablando. ¿Cómo podía Heather llegar a la conclusión de que jamás había habido una chispa de amor en nuestra relación después de nueve años de matrimonio y de tener tres hijos? ¿Cómo podía ella pensar que yo no tuviera ninguna pasión por ella, ni por mi vida, ni por mis hijos? He servido a esta mujer con amor y respeto todos los días — pensé en ese instante — desde el momento en que nos conocimos. Salí de aquella reunión más herido y confundido de lo que había estado en mi vida entera. La única mujer que he amado me acababa de decir que *jamás* me había amado. Aprendí lo débil que es el corazón que ama y lo dolorosas que son las demandas de la intimidad.

Un cambio de corazón

Salí de la oficina de Danny aquel día con las instrucciones de ganar el corazón de ella; necesitaba volver a crear la chispa de la juventud que alguna vez tuvimos. Danny comparó nuestra situación con la conducción de un automóvil pasado de moda. Nos explicó que si una pareja conduce un Volkswagen escarabajo viejo toda su vida y luego un día da un paseo en un Porsche, podrían fácilmente decir que jamás habían conducido un automóvil antes de manejar el Porsche. Tal vez no era que Heather no me amara; quizás era que nuestra relación había sido un automóvil viejo y destartalado viajando por una carretera monótona y ahora necesitábamos algunos cambios. Si alguna vez hubo un momento en mi vida en que necesitara reunir un poco de coraje, este era el momento. ¡Tenía que sacar mi mejor juego y actuar rápidamente! Tenía que desarrollar alguna clase de plan perfecto para ganar a esta mujer para que se conectara nuevamente conmigo; si no por mí, entonces por el bien de nuestros hijos.

SI ALGUNA VEZ HUBO UN MOMENTO EN MI VIDA EN QUE NECESITARA REUNIR UN POCO DE CORAJE, ESTE ERA EL MOMENTO. ¡TENÍA QUE SACAR MI MEJOR JUEGO Y ACTUAR RÁPIDAMENTE!

Empecé trabajando primero en reconstruir nuestra relación. Comencé a luchar por ella con el corazón en la mano. En el transcurso de los próximos dos meses pasé un montón de tiempo meditando, orando y actuando sobre los planes que había formulado cuidadosamente para llegar a su corazón. Hice un intento tras otro para encontrar la combinación—todo lo que hace un hombre enamorado desde ponerle citas para cenar hasta darle atención especial para hablar en su lenguaje de amor (las cosas que le digo y que la hacen sentir más apreciada). Pero con todo eso no pude irrumpir en la caja fuerte de su corazón. Estaba cerrado herméticamente y la llave no se encontraba por ninguna parte. *¡Si sólo pudiera encontrar la respuesta!* Heather se marchaba lentamente de mi vida; había hecho todo menos empacar sus maletas e irse definitivamente.

Conforme releía las anotaciones de mi diario de esa época me daba cuenta de lo dolorosamente lejana y confusa que se había vuelto nuestra vida.

Anotación en el diario: 16/4/08

Acabé de hablar con Heather esta noche. Ella sigue sintiendo como si quisiera estar en otra parte cuando estoy a su alrededor. Dice que ella y yo simplemente vemos la mayoría

de las cosas de una forma diferente. Le pregunté qué era eso
tan diferente, pero no me respondió. Dijo que no se trataba
simplemente de cambiar y luego estar mejor y conectados. Le
dije que entendía que no trataba de cambiar para que estu-
viéramos mejor, pero que yo trataba de entender lo que ella
miraba distinto. Esta noche le dije que ella era una buena
mujer y ella dijo: "No tienes que decir eso". Creo que ella
realmente atraviesa ahora por un momento difícil sintiéndose
como si me hubiera hecho pasar por el infierno y lo hace aho-
ra sin sentir que esté enamorada de mí, de modo que no se
siente muy bien. Ella es una mujer increíble. La amo y veo lo
bueno de ella, aunque pase por esta prueba tan horrible. Ella
es fuerte y llena de vida. Me dijo que quería sentirse viva. Le
pregunté por qué no se sentía viva y no me pudo responder.
Sé que "sentirse vivo" es un logro interno; que no es algo que
yo puedo arreglar por ella. Ella tiene que descubrirlo por sí
misma si alguna vez ha de hacerlo. Ella tiene más libertad de
la que jamás haya tenido y se siente como si no estuviera viva.
Siente que sólo sobrevive y esto es bastante patético para ella.
"No quiero que vivas así, Heather; quiero que vivas una
vida plena y amorosa".

Conforme transcurría el tiempo parecía como si mi amor por
Heather no fuera a ser suficiente. Por mucho tiempo, todo lo
que necesitábamos era nuestra simple "conexión"; pero ahora
mi mejor esfuerzo estaba lejos de satisfacerla. ¿Qué había ocurrido que hacía que ella ni siquiera intentara trabajar en nuestra
relación? Todo esto no tenía sentido.

Mi oscura realidad

Heather fue a quedarse el 22 de abril, durante el fin de
semana, en la cabaña de su abuela para estar a solas un rato y
procesar el problema. Pero regresó después de estar un par de

días fuera, en la misma condición en que se había ido...distante. Llegué finalmente al punto donde comencé a creer que no se trataba de mí, y que no había algo que yo pudiera hacer para arreglar este lío. Si yo la hubiera engañado o hubiera sido abusivo, habría entendido la desconexión y su renuencia a trabajar a favor de nuestro matrimonio. Sin embargo, no entendía por qué se había alejado tanto cuando ella tenía un esposo fiel y unos hijos estupendos.

> LLEGUÉ FINALMENTE AL PUNTO DONDE COMENCÉ A CREER QUE NO SE TRATABA DE MÍ, Y QUE NO HABÍA ALGO QUE PUDIERA HACER PARA ARREGLAR ESTE LÍO.

Cuando regresó de su fin de semana en la cabaña de la abuela le dije que me costaba mucho trabajo confiar en ella y que iba a revisar sus cosas para tratar de averiguar lo que estaba pasando. No soy del tipo de persona que fisgonea y no quise hacer algo a sus espaldas, pero no podía quedarme así más tiempo.

Ella había cambiado todas sus contraseñas de la computadora unas semanas antes, lo que me pareció muy extraño porque sólo éramos ella y yo los que la usábamos. Además, habíamos tenido algunos problemas en el pasado porque ella no había sido completamente franca conmigo en relación con algunos asuntos importantes. Yo comenzaba a sentirme totalmente inseguro y tenía que averiguar por qué.

Cuanto más me puse a buscar respuestas, más oscura se volvió mi realidad. Encontraba cosas que eran "mortales" para la salud de nuestra relación, cosas que indujeron temblor en todo mi cuerpo. Omití los detalles por el bien de nuestros hijos, pero el resultado siguió siendo el mismo. Toda esta búsqueda me llevó a descubrir que ella había estado teniendo continuamente una aventura amorosa con uno de mis mejores amigos del bachillerato. Los primeros párrafos de mi diario de ese día me recuerdan rápidamente del dolor que causó mi descubrimiento.

Anotación en el diario: 1/5/08

Me pregunta si estoy bien, si necesito hablar. Me desperté de esta pesadilla: Mi esposa ama a otro hombre; se entregó totalmente a él. ¡Oh, cómo quisiera que todo esto fuera un mal sueño! Lo que se suponía que era mío se ha vuelto de él. ¿Alguna vez ha sido usted traicionado? ¿Alguna vez lo han calado hasta los huesos, apuñalándolo por la espalda? ¿Alguna vez le ha entregado todo su corazón a alguien para descubrir después que lo utilizaron para herirlo? ¿Alguna vez ha dado su vida por alguien? ¿Alguna vez ha servido con esmero y a cambio recibió una recriminación por las cosas que dejó de hacer?

Te di mi vida, Heather; y puse algo en tu mano que era demasiado especial, un regalo que jamás habías tenido ni soñado; te di mi pureza, mi amor puro. Gané la batalla de mi juventud conservando mi pureza sexual porque luché durante años por darte algo muy puro y verdadero, muy genuino, y creo que no supiste qué hacer con ello. ¿Alguna vez has tenido a un hombre que luche por ti? ¿Alguna vez has sentido la seguridad de ser plenamente amada por alguien que valora lo que ha encontrado? Uno sólo le muestra lo que es realmente a las personas heridas, únicamente a las que esperan que lo acepten porque están en la misma situación. Jamás fui llevado a ese pequeño espacio; jamás caí en la trampa de romper tu corazón. Sólo pude observar desde la distancia y reflexionar cómo sería sujetar algo tan custodiado que sólo los quebrantados pudieran tocar.

Pasó por mí alma un dolor tan intenso como la muerte. Mi cuerpo entero temblaba de pies a cabeza al saber lo que estaba ocurriendo. Estuve despierto toda la noche rogándole que se quedara conmigo, completamente embriagado de temor, deseando que de alguna manera pudiera despertarme de esta horrible realidad. Mi esposa me iba a dejar por otro hombre; iba a dejar a nuestros hijos y a destruir mi familia.

Yo era plenamente consciente de lo que iba a ocurrir a continuación. Durante varios meses las sesiones de consejería donde yo era el consejero y otro era el aconsejado, comenzaron a rodar por mi mente—sobre todo aquellas donde el chico me dijo lo mal que estaba porque sus padres se habían divorciado—. Sabía que pronto iba a estar sentado con mis hijos mirándolos a los ojos y de alguna manera haciéndoles saber que su mamá no iba a volver a casa; que mamá había decidido irse. Iba a tener que soportar varios meses de estar acostado en la cama con mis hijos, escuchándolos llorar, mientras ellos trataban de aclarar por qué su mamá no quiso estar con nosotros. Yo sabía que de alguna manera debía dar la noticia a la iglesia donde yo era pastor, de que mi matrimonio se había acabado. Jamás sentí un momento de tanta inseguridad en mi vida como el día en que ella se fue. Todas las cosas por las que habíamos trabajado en nuestra relación matrimonial salieron por la puerta con ella.

El infierno vino a desayunar

Durante todo el tiempo que trascurrió mientras leía el libro titulado *1776*, solía pensar en cuán afortunado había sido un hombre como George Washington, no porque él no hubiera muerto en la batalla ni porque hubiera figurar estar en los libros de historia, sino porque él "tuvo una batalla que librar." Tuvo una oportunidad de probar su coraje y de probarse a sí mismo con la seguridad de que la muerte ya no poseía su aguijón. ¿Recuerda las palabras del apóstol Pablo?

Dicen que los héroes se encuentran en el campo de batalla, y si lo que dicen es cierto, ahora yo tenía mi oportunidad de ser un verdadero héroe. Yo estaba allí preparándome para forjar mi carácter como el de George Washington. Había llegado a mi campo de batalla y me encontraba solo, sin mi esposa, y con toda mi vida completamente en llamas.

> YO ESTABA ALLÍ PREPARÁNDOME PARA FORJAR EL CARÁCTER DE GEORGE WASHINGTON. HABÍA ENCONTRADO MI CAMPO DE BATALLA Y ME ENCONTRABA SOLO, SIN MI ESPOSA, CON TODA MI VIDA COMPLETAMENTE EN LLAMAS.

La niebla que rodeaba el corazón de los miembros de mi familia continuaba creciendo y su depresión había alcanzado ahora el punto más alto de todos los tiempos. *El infierno vino a desayunar a mi casa* y yo era quien debía decidir qué hacer con ello. Ahora yo estaba en una terrible batalla, al igual que George Washington; pero yo luchaba por la libertad de mi familia y por la restauración de nuestra vida como alguna vez la conocimos. De repente llegó un cambio y se abrió camino en mi vida, lo cual me dejó descontrolado buscando y preguntando una vez más si yo tenía lo que se necesita para soportar la traición de la esposa. Esa fue la última vez que Heather y yo compartimos juntos nuestro hogar.

Si usted es como yo, es probable que sienta una sensación de injusticia o ira hacia las decisiones de Heather. Siga leyendo. Le mostraré en los próximos capítulos cómo procesé el dolor de la traición y cómo encontré la verdadera justicia que conduce a la plenitud. Este es un ejemplo que le puede ayudar a crecer en su vida espiritual y a desarrollar la fortaleza de su carácter. Es también una oración que Dios se complació en responder.

3

Aquel
que tiene la llave

Miren lo que escribí aquel día terrible en mi diario:

"Mi esposa es mi pastor"...por eso vivo en la desgracia. Ella tomó poder sobre mí porque se lo fui dando poco a poco. Ahora sufro las consecuencias de haberle dado tanto poder sobre mí. Soy guiado por el camino de menor resistencia porque no hay consuelo para mi alma. Aunque voy por valles tenebrosos, temo todo el tiempo porque dependo de ella. Debo disponer un banquete para ella y oculto mis necesidades porque mi felicidad depende de la de ella. Sus palabras y su toque me consuelan, pero sólo por un instante porque el toque de Dios es lo que realmente necesito. Ahora comprendo que sólo Dios es mi pastor…Sin duda, la impotencia me seguirá todos los días de mi vida porque creo que sólo hay una persona poderosa en esta relación, y no es mi esposa ni soy yo.

Así me sentí cuando escribí todo esto en mi diario. Por desgracia, mi historia es totalmente opuesta a la del salmista David que habla del consuelo y del cuidado amoroso de Dios, el único Pastor. No comencé nuestro matrimonio como una persona impotente; el proceso de "cederle todo el poder a Heather" ocurrió muy lentamente en el transcurso de nuestra

relación. Sin embargo, recuerdo el punto álgido de la historia—
cuando me di cuenta de que necesitaba hacer todo lo posible
para mantener a Heather en nuestra relación—.

La respuesta al amo incorrecto

Era el año 2004 y estoy seguro de que era el otoño porque
aún recuerdo las hojas de color amarillo anaranjado que se habían acumulado en el césped. Heather y yo habíamos pasado
aquella noche disfrutando de una cena en la casa de nuestros
amigos, Amanda y Luke. Las damas se fueron a dar una vuelta
al parque después de la comida mientras los maridos nos quedamos en la casa para armar un alboroto con los niños—quiero
decir, cuidar a los niños—. Si usted es un padre, sobre todo una
madre, sabe lo maravilloso que pueden resultar esos largos paseos con una amiga. Asumo que el placer de su paseo tranquilo
fue la causa de su demora en regresar porque parecía que se
tardaran muchísimo.

Me di cuenta de que Heather se mostró muy melancólica
cuando por fin regresaron—algo estaba obviamente molestán-
dola—. Nuestro viaje a casa fue silencioso y largo. Fue uno de
esos momentos en que uno sabe que se dice más con la ausencia
de las palabras. Llegamos finalmente a la casa y pusimos a los
niños a dormir. Mientras estábamos acostados en la cama esa
noche, Heather me dijo que necesitaba hablar de algo importante conmigo. Había escuchado antes ese tono de voz y sabía que
significaba: "¡Prepárese para lo que viene!".

Comenzó a hablar lentamente: "Jason, he estado luchando
con la bulimia *(enfermedad psicológica cuyo principal síntoma es el hambre exagerada e insaciable)* desde que tengo 16 años". Pasó a expli-
carme que había intentado parar varias veces pero por alguna razón no había podido hacerlo. Me quedé allí en estado de
shock, sin saber qué decir. Para mí, el dolor no era por el hecho

de que ella tuviera un desorden alimenticio sino porque se las había arreglado para ocultarlo de mí durante todos estos años.

Heather estaba aterrorizada de lo que la gente iba a pensar de ella si se enteraban de su lucha alimenticia. Creía realmente que las personas la rechazarían si se daban cuenta de lo que ella había estado ocultando. Se sintió impotente y no quería recibir ayuda. Sólo quería huir. La realidad de la situación entera comenzaba a impactarme—yo era un padre de 24 años con tres hijos pequeños y acababa de enterarme de que mi esposa tenía un grave trastorno alimenticio y que quería seguir mintiendo—.

Existe una cantidad de sucesos en la vida que uno piensa que "le han llegado" sólo para descubrir que no sabe nada en absoluto. Yo había conocido antes los efectos de la presión. Supervisé un equipo de bomberos durante un par de años y casi muero dos veces. Conocía el peso de cuidar a mis hombres en medio del peligro. También sabía lo que se siente al tener que proveer lo necesario para mantener una familia. Pero incluso en todo esto, yo todavía ignoraba este tipo de presión sentimental. La idea de que mi esposa quería dejarme me puso literalmente mareado. Sentía que me iba a desmayar. Tenía que hacer algo; no encontraba una manera de que pudiera vivir así.

Tomé finalmente la decisión de hacer todo lo necesario para aliviar la presión de Heather. Pensé que si ella tenía menos presión no se sentiría atrapada; y si se sentía menos atrapada, se mejoraría de su tensión nerviosa; y si se ponía mejor, yo estaría bien. Necesitaba que Heather estuviera bien para yo estar bien. Por lo tanto, comencé el proceso de darle a Heather las llaves de mi felicidad.

"MI ESPOSA ES MI PASTOR", SE CONVIRTIÓ EN MI LEMA PARA LOS PRÓXIMOS CUATRO AÑOS DE MATRIMONIO. TODO PARECÍA TAN REAL Y TAN HUMILDE DESDE AFUERA (E INCLUSO PARA MÍ), TAN SEMEJANTE A CRISTO.

"Mi esposa es mi pastor…", se convirtió en mi lema de vida para los próximos cuatro años de matrimonio. Todo parecía tan real y tan humilde desde afuera (e incluso para mí), que creí asemejarme a Cristo. Me sentí como el "esposo perfecto" que podía vivir con poca o ninguna necesidad mientras le podía servir incondicionalmente a Heather sin requerir que ella participara en llenar las necesidades de nuestra vida diaria. Pensé que yo estaba siendo "Jesús" para ella, al permitirle tener el tiempo que ella necesitaba para sanar y recuperarse de su bulimia. El único problema era que ella se había convertido en "mi fuente" de vida. Ella no tenía nada por qué preocuparse. Yo sería el responsable de todo. Este fue mi gran error.

Quizás debería detenerme aquí y decir que Heather encaró el viento fuerte. Algunos días después de contarme sobre su lucha con la bulimia nos reunimos con Danny Silk y mis padres para buscar ayuda. Ella superó valientemente su batalla con la bulimia durante el transcurso de un año. Sin embargo, incluso en medio de su libertad, seguí creyendo una mentira que me tenía atado. Esto es lo que pensé: *Si tengo necesidades vitales en esta relación matrimonial, ella no será capaz de manejarlas y me quedaré solo con tres hijos y un corazón roto. Soy el que tiene la responsabilidad de mantener a Heather en esta relación, y soy el que necesita aliviar toda la presión de ella para que pueda estar bien. Soy la fuente de su paz y estabilidad.*

Al principio traté de darle más ayuda y aliviar cualquier presión, pero todo eso resultó inútil para la recuperación de Heather. Sin embargo, el problema no estaba en mis acciones de servirla más y exigir menos de ella. El problema era que mi sistema de creencias se había torcido. Yo había construido una relación *con base en el temor de perderla* y este se había apoderado rápidamente de mí. ¿Comprende usted mi error?

Lo que uno más teme, en últimas se convertirá en lo que le sucede. Este es el proceso de permitir que el engaño se haga dueño de su mente. Todo comienza cuando permitimos que las mentiras pequeñas e inofensivas aparezcan sin ser detectadas. Al principio parece racional—una contribución esencial para el bienestar de su matrimonio—. Las mentiras vienen envueltas en el sentido común y se establecen en la lógica y en la razón de las personas. Pero su engaño es profundo y destructivo. Sus palabras no tienen nada que ver con el corazón de Dios, el Padre, pues son sólo una fachada de la verdadera luz.

Identidades y cosmovisiones enteras se pueden basar en mentiras. Obviamente, esto es catastrófico para la salud y el bienestar del individuo, y debe deshacerse de inmediato. Para dominar estas *mentiras destructivas* primero tenemos que reconocer que son mentiras. Sin embargo, puede ser difícil reconocer lo que realmente nos impulsa, porque a menudo no nos damos cuenta de lo que ocurre en nuestro interior. Veamos la mentira más frecuente.

¿Quién ocupa el "lugar de Dios" en su vida?

El Salmo 23 describe un panorama increíble de lo que es tener a Dios como la fuente principal de nuestra vida, el cual nos da tranquilidad y nos conduce fuera de los valles tenebrosos.

> *El Señor es mi pastor, nada me falta; en verdes pastos me hace descansar. Junto a tranquilas aguas me conduce; me infunde nuevas fuerzas. Me guía por sendas de justicia por amor a su nombre. Aun si voy por valles tenebrosos, no temo peligro alguno porque tú estás a mi lado; tu vara de pastor me reconforta. Dispones ante mí un banquete en presencia de mis enemigos. Has ungido con perfume mi cabeza; has llenado mi copa a rebosar. La bondad y el amor me seguirán todos los días de mi vida; y en la casa del Señor habitaré para siempre.*
> Salmos 23:1-6

Estos versículos son una revelación poderosa de lo que nos ocurre cuando Dios es nuestro único pastor y la principal fuente de fortaleza. No sólo somos llevados a un lugar de reposo sino que también somos restaurados en ese lugar. La parte hermosa de este pasaje es que cubre toda la vida, e incluso la muerte. David dice: *"Aun si voy por valles tenebrosos, no temo peligro alguno porque tú estás a mi lado; tu vara de pastor me reconforta".*

Quiero que usted entienda que él no dijo que Dios es su Pastor porque Él lo rescata de las situaciones difíciles sino que Dios es el dueño y la fuente de su vida en toda circunstancia. Dios es el Pastor de nuestra vida, aún cuando pasemos por valles tenebrosos. Por lo tanto, la paz de Dios nos envuelve mientras Él está a la cabeza. Una de las mejores formas en que podemos saber quién nos guía es detenernos y echar un vistazo a nuestra vida cotidiana. ¿Cuál es nuestra principal fuente de dirección, protección, consuelo, sanidad e identidad? ¿A dónde vamos diariamente para satisfacer nuestras necesidades? ¿A quién acudimos cada día para pedir ayuda? Formúlese usted mismo estas preguntas. Sus respuestas le revelarán mucho acerca de *qué* o *quién* ocupa "el lugar de Dios" en su vida.

El peligro aquí es que es muy fácil pensar que Dios está en control de nuestra vida cuando hace sol afuera y las margaritas están en plena floración. El éxito puede sesgar nuestro punto de vista haciéndonos creer que tenemos algo que realmente no tenemos.

EL ÉXITO PUEDE SESGAR NUESTRO PUNTO DE VISTA
HACIÉNDONOS CREER QUE TENEMOS ALGO QUE
REALMENTE NO TENEMOS.

La historia de Wall Street confirma esto. Por ejemplo, cuando se desploma el mercado bursátil se van al suelo los pilares de barro que alguna vez fueron tan seguros bajos los pies de la gente dejando en la desesperación a las personas que parecían haber triunfado. La cruda realidad comienza a desencadenarse cuando las vendas del éxito se caen de nuestros ojos. El lado positivo de esto es que muchas personas claman a Dios en estas circunstancias. Pero solo porque clamemos a Dios en los momentos de desesperación no significa que Él sea el centro de nuestro universo. De hecho, muchas veces, he encontrado que ocurre lo opuesto.

Tomemos, por ejemplo, el caso del ataque a las Torres Gemelas de Nueva York: Cuando se desplomaron las Torres, su golpe demoledor hizo que Estados Unidos cayera de rodillas ante el vacío. Los ciudadanos de Estados Unidos fueron sacudidos literalmente hasta los tuétanos, y clamaron a Dios en desesperación por ayuda. Durante algunas semanas se sentía como si el mundo redujera la marcha y la gente de todas partes del país comenzara a entregar su vida al Señor Jesucristo por temor a que todo llegaría a su final. Miles de personas inundaron los altares de las iglesias; pero no pasó mucho tiempo para que desapareciera el "shock nervioso" y la vida regresara a la "normalidad", sin Dios.

Darle de nuevo el control a Dios

No fuimos creados para ser personas impotentes, sujetas al ir y venir de la felicidad o a la depresión del entorno que nos rodea. Dios está por encima de las circunstancias. Mas bien, nuestra fuente de plenitud se deriva del Autor mismo de la vida. Sólo Dios es el único que nos puede ofrecer *ese amor verdadero* que produce la seguridad, independientemente de nuestras circunstancias. Por eso no es difícil poner a Dios en el trono de nuestra vida. Esta es una decisión que requiere mucha diligencia y determinación para tomar los pasos correctos.

Primer paso: hacer el trabajo del arrepentimiento

El arrepentimiento es el primer paso para restablecer a Dios en el trono de nuestra vida. La palabra griega original para "arrepentimiento" es *metanoeo*, que significa ¡cambiar la manera de pensar! El arrepentimiento desarraiga los procesos mentales inferiores e imperfectos y los reemplaza con la verdad. No sólo es necesario arrepentirnos de haber quitado a Dios del lugar que le corresponde en nuestra vida, sino que también debemos arrepentirnos de las razones *por* las cuales lo desplazamos. ¿Por qué desplazamos a Dios?

Es demasiado importante que nosotros lleguemos a la raíz del problema que ha causado una mentira en nuestro corazón. ¿Quién nos engañó y cómo ocurrió eso? Aquí es donde la mayoría de la gente pierde el rumbo. Están genuinamente arrepentidos de sus malas acciones pero como no tienen ni idea qué los guía, no pueden hacer que sus acciones y su corazón estén acordes con sus convicciones. Por lo tanto, regresan una vez más a su viejo ciclo de pensamiento erróneo.

Cuando comprendí que yo había puesto a Heather en el "lugar de Dios" en mi vida, tuve que volver atrás y averiguar *por qué* había decidido hacer eso. Sólo así podría arrepentirme verdaderamente.

Segundo paso: inicie la limpieza del desorden

Después de cumplir con el arrepentimiento (el cambio de la manera de pensar), tenemos que regresar al fondo de nuestro corazón y limpiar nuestro desorden interior. El desorden interior consiste en la manera como hemos "arreglado" los problemas en nuestra vida. Para muchos de nosotros hay un enorme malentendido sobre lo que produce realmente nuestro desorden. Todavía tenemos muchas cosas *en desorden* porque no sabemos cómo arreglarlas. Se nos ha enseñado desde la infancia que la palabra "perdón" puede arreglar todos nuestros errores. Esto no podría estar más lejos de la verdad. La palabra "perdón" no soluciona los problemas. Apenas los encubre. ¡Lo sé porque tengo tres hijos! Sólo es cuestión de tiempo antes de que alguno de mis hijos actúe de una manera problemática con otro de sus hermanos. Por lo general es un problema de corta duración. Los niños siempre pueden encontrar una razón para discutir.

Como todo buen padre, uno se siente tentado a detener la discusión lo más rápido posible ejerciendo la menor cantidad de esfuerzo; el objetivo es restaurar el caos a un nivel manejable. En nuestro esfuerzo por arreglar el desorden es muy fácil decir algo como esto: "¡Niños, basta ya! ¡Elijah, **pídele perdón a tu hermana** por ser rudo con ella o pasarás el resto del día en tu habitación!". Ahora bien, reconozco que soy tan culpable como cualquier otro padre cuando se trata de hacer afirmaciones por este estilo. Sin embargo, el problema nace realmente de su propio corazón por falta de arrepentimiento. Por lo tanto, cualquier disculpa que ofrezcan (como pedir pendón sin arrepentirse) nunca es lo suficientemente genuina para cambiar su comportamiento. Es por esto que el problema sigue existiendo.

Si nuestros hijos deben cambiar su comportamiento tienen que ser capaces de entender **por qué** son irrespetuosos. Luego deben estar dispuestos a pedir perdón y decidir un comportamiento diferente. La sola expresión "lo siento", no produce el cambio de actitud en el corazón de un niño.

Esto no es diferente para usted ni para mí; el objetivo del arrepentimiento no es simplemente decir las palabras "lo siento", sino más bien encontrar la raíz del problema a fin de corregir el comportamiento. La raíz del problema está en nuestro endurecido corazón.

Tercer paso: pensar de manera diferente (*metanoia*)

Hay un montón de situaciones en la vida que parecen difíciles de superar debido al nivel de valentía que se requiere para reconocer realmente que existe un problema grave. Todos hemos conocido algunas personas que tienen el famoso elefante presente en su sala. Estas personas son inconscientes del elefante—su mundo interno—, pero por lo general se apresuran a señalar el elefante que está presente en las salas de los demás.

Para cambiar un poco la metáfora, ¡estas personas son víctimas de los vampiros! La *mentalidad de víctima* es una de las peores formas de pensar porque una víctima es totalmente incapaz de cambiar su entorno. Las víctimas pasan enormes cantidades de tiempo chupando la vida de todos los demás porque viven en un estado mental de impotencia. Las víctimas creen que su mundo exterior (las circunstancias) tiene que cambiar para que ellas puedan estar bien. La víctima siente una enorme necesidad de controlar a todos los demás porque él o ella están internamente fuera de control.

La impotencia es el proceso de ceder lo que es propio y facultar a alguien para que tome las decisiones. Uno no puede arreglar algo de lo que no está dispuesto a responsabilizarse. Es simplemente imposible. La única manera para que uno se vuelva una persona mentalmente sana es responsabilizarse de sus decisiones y de sus propios problemas. Independientemente de lo que usted haya llegado a creer, uno es responsable de su propia vida y de sus acciones. Uno se hace a sí mismo impotente cuando le cede este derecho a otra persona. Eso fue lo que me pasó a mí cuando le cedí mis derechos a Heather.

Aconsejé recientemente a una pareja que representa la mentalidad de "víctima." Su clamor de ayuda vino en la forma de un "chat en Facebook." Me senté con mi amigo Jim y comencé a evaluar lo que estaba ocurriendo. No le llevó mucho tiempo para que me explicara que su esposa, Sarah, era imposible de complacer. Era un agujero negro que nada podía llenar; y peor aún, era una gruñona. No tenía respeto por los derechos de él, sobre todo cuando sus discusiones se tornaban en peleas. Esto por lo general daba como resultado que Jim diera puñetazos a la pared o rompiera las cosas.

Jim se quejó de esta manera: "Ella no me deja salir de la habitación ni me da tiempo para pensar; sólo sigue acosándome". "¡Sarah me controla totalmente!".

Mi primera impresión fue: *¡Vaya! ¡Me alegro de no estar en el pellejo de este hombre!* Comencé a hacerle algunas preguntas directas sobre sí mismo después de darle tiempo para hablar y desahogarse. En primer lugar le pregunté qué había hecho a favor de la relación con su esposa.

Hubo una larga pausa acompañada de un suspiro. Finalmente me dijo: "no se, pues supongo que por ella estoy aquí".

"Bien—le dije— ¿Organizó usted esta reunión, o fue Sarah?". (Ya sabía la respuesta a esta pregunta pero quise realmente que Jim llegara a la conclusión por sí mismo).

Él admitió: "Ah, fue ella", susurró entre dientes.

Entonces le pregunté, siguiendo esa línea de pensamiento, "¿A quién ha acudido usted para obtener ayuda con su relación matrimonial?".

Con humildad respondió después de pensar por un instante: "Bien; hablo a veces con mi madre. En realidad, mi madre supo todo porque Sarah la llamó. Ella suele llamar a mis padres cuando estamos en plena discusión".

Entonces comencé a ver un patrón en la vida de Jim, a esta altura. A medida que continuaron las preguntas me enteré de que Jim no había hablado con nadie de su matrimonio, ni siquiera con su mejor amigo. Para empeorar las cosas, cuando le pregunté qué hacía para deshacerse de su dolor y frustración, su respuesta fue: "Normalmente, sólo trato de olvidarlo".

¡Uno no necesita ser un psiquiatra para darse cuenta del fracaso del plan de Jim en cuanto a ignorar su frustración y tratar de olvidar su dolor! El dolor de este hombre era terrible. Este hombre hacía agujeros a puñetazos en la pared y volteaba las mesas de la casa.

Luego le dije: "Jim, no parece que su plan está funcionando bien. ¿Qué ha hecho para satisfacer el lenguaje de amor de su esposa?". (Me refería a la investigación del Dr. Gary Chapman sobre las cinco maneras principales de expresar e interpretar el amor—palabras de afirmación, tiempo de calidad, recibir regalos, actos de servicio y el toque físico).

Jim me replicó molesto: "Aún si yo intentara hacer todo eso, jamás parece que pudiera satisfacerla. Me he sentido últimamente muy frustrado al tratar de satisfacer las necesidades de Sarah. Me siento bastante inútil".

Se podía escuchar, en su tono de voz, el enfado que llevaba en su interior.

EL PLAN DE JIM DE IGNORAR SU FRUSTRACIÓN Y
TAPAR SU DOLOR NO ESTABA FUNCIONANDO. ESTE
HOMBRE HACÍA AGUJEROS A PUÑETAZOS EN LA PARED Y
VOLTEABA LAS MESAS DE LA CASA.

"Jim, ¿qué va a hacer por su matrimonio?".

Resignadamente me dijo: "No sé. Me gustaría que Sarah no fuera un desastre y una persona tan difícil para vivir con ella".

Había llegado el momento para que yo le diera a este hombre algo de retroalimentación. "Jim, no parece que ella fuera realmente el problema. Usted la hizo responsable a ella de conseguir la ayuda de consejería para ustedes. Ella es la que contacta a sus padres y también me contactó a mí. Usted no ha hecho nada "proactivo" para trabajar en su relación aparte de las cosas que ella lo incita a hacer, y usted no cuenta con una ayuda para tratar con el dolor y la frustración que siente al no tener éxito. Y, por último, usted todavía cree que ella es el único problema en esta relación. Por todo eso, no me sorprende que ella se la pase fastidiándolo. Esa es la única forma en que usted se motiva para participar en esta relación. Usted la autorizó para que lo manipule como a un chico".

En ese momento pude ver que se iluminó una bombilla en su cerebro. Por primera vez en mucho tiempo, Jim comenzó a entender que le había cedido "el poder" a su esposa. Ella se había vuelto responsable por el manejo de su relación matrimonial. Mientras Jim mantuviera este sistema de creencias nunca podría solucionar lo que le ocurría en su relación matrimonial.

Hay mucha gente como Jim que crea un "sistema de mentiras" que les dice que no son responsables por lo que suceda en su propia vida. Esto ocurre porque es menos doloroso creer que sus problemas son culpa de los demás. Así Jim se convirtió en una víctima.

HAY MUCHA GENTE COMO JIM. CREAN UN SISTEMA DE CREENCIAS QUE LES DICE QUE NO SON RESPONSABLES POR LA CONDICIÓN DE SU PROPIA VIDA. ES MENOS DOLOROSO CREER QUE SUS PROBLEMAS SON LA CULPA DE LOS DEMÁS.

Jim había renunciado a dirigir su relación matrimonial desde la primera vez que hablé con él. Le dijo a su esposa que estaba pensando divorciarse porque ella lo hacía sentir miserable. Lo que Jim no comprendió fue que si pasaba menos tiempo preocupándose por lo que Sarah iba a hacer, en vez de gastar más tiempo tratando en averiguar lo que él iba a hacer, en realidad podría solucionar sus problemas. Obviamente, Jim nunca había asumido la responsabilidad personal por su vida y su matrimonio. Por eso siempre se sintió frustrado y agobiado porque su paz y su felicidad estaban al capricho de su esposa.

Una vez que Jim comprendió que había "cedido" todo su poder y su responsabilidad a Sarah pudo arrepentirse de su mentalidad de víctima y descubrir lo que iba a hacer para recuperar su carácter de "cabeza del hogar" y amar a su esposa. ¡Hoy en día, Jim ya no es una víctima, y su matrimonio está floreciendo de nuevo!

Siempre he creído en la verdad de este dicho: ¡Tengo una buena oportunidad cada vez que un problema es ciento por ciento mi culpa! ¡Puedo solucionar cualquier problema que sea mi culpa, pero no puedo arreglar nada de lo cual no sea responsable!

El día que uno se apropia de su vida es el día en que uno comienza nuevamente a tomar las riendas.

Cuarto paso: establecer límites saludables

Uno de los aspectos más importantes para estar en control de la vida es la capacidad de *establecer límites saludables* con las demás personas. Proverbios 25:28 dice: "Como ciudad sin defensa y sin murallas es quien no sabe dominarse". La persona que carece de la capacidad de establecer límites termina siendo como una ciudad destruida y saqueada. La ciudad sin protección es despojada y no le queda nada de valor para ofrecer a nadie.

Los límites personales son con como las murallas de protección de una ciudad antigua. El propósito de tener límites es protegernos y nutrirnos de modo que podamos cultivar relaciones saludables con los demás. Sin la capacidad de protegernos a nosotros mismos no hay manera de brindar protección a otra persona. Esto es verdad especialmente en el caso de las personas casadas.

Una persona establece límites saludables a través del proceso de definición de sus virtudes, valores y necesidades, y luego comunicándolas a las personas con quienes él o ella se relacionan.

Una vez establecidos los límites, todas las personas tienen la oportunidad de respetar sus necesidades y virtudes y de proteger su relación. Podemos ver que la relación florece cuando las personas valoran y protegen las cosas que son importantes para cada uno. Este es el proceso que genera confianza entre un individuo y los demás.

Otro aspecto importante de los límites personales es la posibilidad de que la gente sepa lo que uno puede o no hacer. Uno realmente tiene el derecho y la capacidad básica para establecer los límites con otros en virtud de la salud de la relación. No hay relaciones sanas sin límites saludables.

Uno de los factores que todos necesitamos tener en cuenta cuando establecemos límites de relación social es que el objetivo principal *debe ser la construcción de relaciones más fuertes y profundas con las demás personas*. Esta es una gran verdad. Los límites mantienen alejadas a algunas personas de la relación con nosotros cuando se niegan a respetar dichos límites. Esta es la manera correcta para llegar a disfrutar de unas sanas relaciones interpersonales.

Las personas "socialmente poderosas" saben lo que necesitan y lo que deben hacer. Son capaces de poner límites porque creen que nadie más es responsable por ellos. No importa cuál sea la situación, aún en las circunstancias adversas pueden decidir lo que hacen porque nadie más sino Dios tiene el control de su futuro.

Este fue el fundamento decisivo para desarrollar mi capacidad de abordar el futuro con confianza cuando terminé mi relación con Heather. Sin embargo, todavía necesitaba liberarme de mi sentimiento de culpa por todo lo que hacía.

Se hizo justicia

Quedé abrumado el día que Heather salió por la puerta de mi vida. Mi corazón adolorido pedía a gritos justicia en mi interior. Después de todo, yo no era el único que llevaba el dolor de su egoísmo. El corazón de mis hijos había sido destrozado en miles de pedazos diminutos. Las palabras no traen ningún consuelo real a los niños que ven a su madre marcharse para siempre.

Lo que solemos olvidar del pecado es que sus consecuencias afectan más a otros que a la persona que lo comete. En la mayoría de los casos, las personas que más sufren son las que tienen poca o ninguna responsabilidad en el asunto, sobre todo las que más queremos. Mis hijos no fueron la excepción. Para mí era fácil poder alejarme de este desastre y no tener que ver nunca más a Heather y a su novio. Pero iba a pasar el resto de mi vida compartiendo la crianza de mis hijos con la persona que más me había lastimado. También iba a tener que compartir mis hijos con su novio, sin mencionar el hecho de que él había destruido su propia familia para irse con mi esposa. Para mí, parecía que no había nada más injusto en este mundo que la traición en un matrimonio.

Un cambio de corazón

Conforme transcurrían los días me puse a pensar y a escribir acerca de *la verdadera justicia*. Sabía que debía *obtener justicia* para mí y para mis hijos. Mi alma se dolía ante la idea de lo que vivían mis hijos y del hecho de que no se merecían esto. Yo tampoco. En la medida en que intenté buscar la verdad comencé a darme cuenta de que la verdadera justicia era muy diferente a lo que me decían mis instintos.

EN LA MEDIDA QUE BUSQUÉ LA VERDAD COMENCÉ A DARME CUENTA DE QUE LA JUSTICIA ERA MUY DIFERENTE A LO QUE ME DECÍAN MIS INSTINTOS.

Me imaginaba frecuentemente como un vaquero en un enfrentamiento en el Viejo Oeste, repartiendo justicia con un revólver de seis tiros. Hubo muchos días en que quise hacer eso para vengarme. Sin embargo, sabía que no se subsana un error cometiendo otro. Y además, si castigaba a Heather y a su novio para vengarme, mis acciones serían tan egoístas como las de ellos. Mis hijos en últimas serían los que sufrirían más por mi comportamiento destructivo. Lo que realmente necesitaba era una solución que mejorara toda esta situación. No debía echar más leña a este fuego violento.

Mi mundo entero parecía estar pendiente de un hilo por lo que se refiere a las respuestas a estas dos preguntas: *¿Qué es la verdadera justicia? ¿Cómo la obtengo?*

Comencé a pensar sobre mis propios fracasos. Me quedé despierto hasta la madrugada, pensando cómo mis decisiones descuidadas le habían costado la vida a Un Hombre llamado Jesús de Nazaret. No era algo que yo hubiera planeado ni que volvería a hacer a propósito. Pero el hecho es que mi pecado clavó en la Cruz la carne y el cuerpo del Señor Jesús, y que fue mi egoísmo el que traspasó su costado. Como si eso no hubiera sido suficiente, fue mi necesidad de perdón lo que rasgó su espalda con el azote. Todos somos culpables de su asesinato; todos y cada uno de nosotros. Dios entregó a su único Hijo para pagar por nuestra necedad, debido a nuestra incapacidad de vivir una vida sin pecado.

De esta manera entendí que Dios estableció originalmente el mundo para que tuviéramos una relación maravillosa con Él. Nos creó para que fuéramos sus hijos e hijas y quiso que viviéramos eternamente con Él. El pecado era lo único que nos podía separar del lugar que nos corresponde. El pecado es nuestro enemigo porque destruye nuestra vida y nuestra relación con Dios.

Isaías describe bellamente lo que Cristo tuvo que pasar para perdonar nuestros pecados y reconciliarnos con Dios:

> *¡Nadie ha creído a nuestro mensaje! ¡Nadie ha visto el poder de Dios! El fiel servidor creció como raíz tierna en tierra seca. No había en él belleza ni majestad alguna; su aspecto no era atractivo ni deseable. Todos lo despreciaban y rechazaban. Fue un hombre que sufrió el dolor y experimentó mucho sufrimiento. Todos evitábamos mirarlo; lo despreciamos y no lo tuvimos en cuenta. A pesar de todo esto, él cargó con nuestras enfermedades y soportó nuestros dolores. Nosotros pensamos que Dios lo había herido y humillado. Pero él fue herido por nuestras rebeliones, fue golpeado por nuestras maldades; él sufrió en nuestro lugar, y gracias a sus heridas recibimos la paz y fuimos sanados. Todos andábamos perdidos, como suelen andar las ovejas. Cada uno hacía lo que bien le parecía; pero Dios hizo recaer en su fiel servidor el castigo que nosotros merecíamos.*
>
> *Fue maltratado y humillado, pero nunca se quejó. Se quedó completamente callado, como las ovejas cuando les cortan la lana; y como cordero llevado al matadero, ni siquiera abrió su boca. Cuando lo arrestaron, no lo trataron con justicia. Nadie lo defendió ni se preocupó por él; y al final, por culpa de nuestros pecados, le quitaron la vida. El fiel servidor de Dios murió entre criminales y fue enterrado con los malvados,*

aunque nunca cometió ningún crimen ni jamás engañó a na-
die. Dios quiso humillarlo y hacerlo sufrir, y el fiel servidor
ofreció su vida como sacrificio por nosotros. Por eso, él tendrá
una vida muy larga, llegará a ver a sus descendientes, y hará
todo lo que Dios desea.

Después de tanto sufrimiento, usted comprenderá el valor de
obedecer a Dios. El fiel servidor (el Señor Jesucristo), aunque
inocente, fue considerado un criminal, pues cargó con los pecados de muchos para que ellos fueran perdonados. Él dio su vida
por los demás; por eso Dios lo premiará con poder y con honor.
Isaías 53:1-2 TLA

El Señor Jesús nos reveló el significado de la verdadera justicia el día que fue molido por nuestros pecados. A partir de esta
verdad yo descubrí que "la justicia ya no se encuentra en la venganza sino en el perdón." La justicia verdadera consiste en "ser
justificado por el Único que es Justo." Jesús murió para que fuéramos perdonados. Por lo tanto, la falta de perdón se considera
una injusticia *porque el hecho de no aceptar el perdón anula el*
pago que Cristo hizo por nosotros con su propia muerte.

¡Realmente no hay justicia en una vida destrozada!

Esta revelación me sacudió hasta la médula cuando empecé
a cambiar la manera en que veía mis circunstancias. ¡El Señor
Jesús me dio el perdón cuando lo necesitaba! Me di cuenta por
primera vez de que la única manera en que iba a tener justicia en
esta relación era orando para que la familia de Heather obtuviera
el perdón que pagó el Señor Jesucristo. Y la única manera en que
mis hijos iban a ganar algo era que su madre se volviera una persona íntegra. Mi deseo de castigarla por sus acciones comenzó a
desaparecer una vez que me di cuenta de la verdad. Dejé de estar
despierto en la noche pensando en las formas en que ella podría
ser castigada y comencé a orar por su sanación y bienestar.

JESÚS REVELÓ EL SIGNIFICADO DE LA VERDADERA
JUSTICIA EL DÍA QUE FUE MOLIDO POR NUESTROS
PECADOS. LA JUSTICIA YA NO SE ENCUENTRA EN LA
VENGANZA SINO EN EL PERDÓN.

Esto sí es justicia

Con el paso de los años he trabajado con cientos de personas que han sido víctimas de algún tipo de transgresión. No es raro en mi campo de acción ayudar a alguien que haya sido violado, engañado, insultado, fementido o todas las anteriores. Como usted se puede imaginar, experimentar alguna de estas cosas puede ser terriblemente perjudicial para cualquier hombre o mujer. Pero el aspecto más dañino de ser transgredido es cuando una persona asume el papel del "verdugo" que busca justicia.

El "verdugo" es un tirano despiadado que actúa impulsado por la amargura y la ira. Sus acciones destructivas "se justifican a sí mismas" por el dolor del corazón y por una cierta necesidad de venganza. Aunque la persona no sea mala en sí, él o ella han sido engañados y creen que de alguna manera el fruto de la venganza va a traerles la paz. Sé que esto resulta difícil de asimilar, sobre todo si uno ha sido maltratado injustamente, pero aquí está la verdad: Independientemente de por qué uno tenga amargura y odio hacia los mejores amigos, si uno sigue con eso, al final esto lo carcome de adentro hacia afuera.

INDEPENDIENTEMENTE DE POR QUÉ UNO TENGA
AMARGURA Y ODIO HACIA LOS MEJORES AMIGOS, SI
UNO SIGUE CON ESO, AL FINAL ESTO LO CARCOME DE
ADENTRO HACIA AFUERA.

Si usted asistió de niño a la escuela dominical, es probable que recuerde la parábola en la que Jesús explica el principio del perdón y de la falta de éste. Jesús habla de un rey que quiso ajustar cuentas con sus siervos en la parábola del siervo despiadado que se registra en Mateo 18:21-35. Cuenta el evangelista que le fue llevado al amo un siervo que le debía mucho más de lo que podía pagar. Cuando el rey se dio cuenta de la magnitud de la deuda ordenó que el siervo, su esposa e hijos fueran vendidos para hacer el pago. Cuando el siervo oyó esto se arrojó de rodillas y suplicó clemencia diciendo: "Tenga paciencia conmigo —le rogó—, y se lo pagaré todo". En ese instante el rey se conmovió tanto que le perdonó al siervo toda su deuda.

Algún tiempo después, el mismo siervo fue y se encontró a uno de sus compañeros que le debía sólo un poco de dinero. Agarró a este hombre y lo tomó por el cuello, diciendo: "¡Págame lo que me debes!".

Cuando los consiervos vieron lo que éste había hecho fueron y le dijeron a su señor todo lo que había ocurrido. El señor se enojó y mandó llamar de nuevo a este siervo. "¡Siervo malvado! —le increpó—. Te perdoné toda aquella deuda porque me lo suplicaste. ¿No debías tú también haberte compadecido de tu compañero, así como yo me compadecí de ti?". El señor lo entregó a los carceleros para que lo torturaran hasta que pagara todo lo que debía.

¿No le gustaría a usted que esta parábola terminara allí? Pero Jesús agrega un último renglón que hace toda esta historia tan pertinente: *"Así también mi Padre celestial los tratará a ustedes, a menos que cada uno perdone de corazón a su hermano"*. Mateo 18:35

El principio divino que aprendemos de esta parábola es profundamente simple: Cuando uno es perdonado más de lo que uno posiblemente podría pagar, se espera que uno perdone de la misma manera. En el caso de que uno olvide cuánto le fue perdonado, el egoísmo lo colocará en los brazos de sus verdugos.

No hay manera de que usted ni yo podamos actuar como verdugos y vivir en el reino de Dios, debido a lo que Cristo hizo por nosotros en la Cruz. ¡Simplemente así no funciona!

Pablo nos enseña en 2 Corintios 5:17 que somos una *nueva creación* en Cristo. Luego continúa explicándonos que Dios nos reconcilió consigo mismo al no tomar en cuenta nuestros pecados ver el versículo 19. Más adelante nos recuerda que nos fue dado el ministerio de la reconciliación.

Cuando uno desglosa este pasaje comienza a darse cuenta de que nuestro ministerio, como creyentes en Cristo, no es convencer al mundo de su pecado. *Más bien, estamos para ayudar a reconciliar al mundo con Cristo al no tomar en cuenta los pecados de los demás.* ¡La justicia que necesitamos cuando hemos sido tratados injustamente se nos da cuando ayudamos a reconciliar al mundo con el Señor Jesús!

No hay justicia en una vida destrozada. La verdadera justicia sólo se encuentra cuando cada persona acepta el perdón que Cristo pagó por todos en la Cruz.

El fruto de los tiempos difíciles

Las cosas bellas de la vida se ocultan muy a menudo más allá de nuestro punto de máxima capacidad. El hecho de que usted esté leyendo este libro me dice que es probable que entienda algo de lo que estoy hablando. Hay una bendición para nosotros cuando perseveramos durante los tiempos difíciles porque el camino hacia la plenitud conduce por la ruta de la perseverancia. Es indispensable tener la actitud correcta en los momentos difíciles para poder salir victoriosos al otro lado de las pruebas. ¿Qué está sucediendo actualmente en su vida?

Las expectativas de nuestra "cultura de la gratificación instantánea" en esta era de la desinformación nos han robado el entendimiento de la bendición de perseverar en el Señor y de aplicar las lecciones para sembrar y cosechar. Por esta razón vamos a centrarnos en las siguientes páginas en dos puntos de vista muy diferentes de la vida que representan, ya sea el camino a un futuro bendecido, o a un camino de lucha constante por encontrar un mejor día.

Veamos si podemos descubrir los tesoros que son tan necesarios para la plenitud y la bendición en nuestra vida personal. Los principios que retomo en este capítulo fueron los que me ayudaron a superar mi penosa situación de la infidelidad de mi esposa y a recibir la promesa que se supone que deben producir las pruebas.

Considere al agricultor

¡El dolor del arado! ¡Pero, vaya, qué recompensa tan grande es la cosecha! Ampollas abiertas cubren las manos del agricultor a medida que éste trabaja para arar la tierra horneada por el calor. El sol abrazador lo quema y no hay forma de escapar del aire caliente y polvoriento que produce su trabajo con el arado. Trabaja incansablemente de sol a sol, día tras día, para ver algo que él no podrá disfrutar en los próximos meses. Este trabajo es infinitamente agotador y penoso. Para él, romper la tierra dura es sólo la primera parte de este largo proceso de sembrar la semilla.

El fruto de los tiempos difíciles es lo que lo sostendrá hasta que lleguen los buenos tiempos. El fruto que produce el trabajo causará los momentos agradables de su futuro cercano. El agricultor entiende este principio; lo sabe porque este valor fundamental le fue heredado de sus antepasados. No está preocupado por el alto precio que paga ahora, ni le preocupa si la semilla va a germinar. Él confía plenamente en Dios. Es diligente en su trabajo y sabe muy bien que lo que siembra hoy crecerá mañana. Las generaciones anteriores le han transmitido la fe con la que trabaja ahora. La experiencia le ha dado la confianza necesaria para amar este trabajo, sabiendo que no será en vano.

No todos los hombres tienen la visión del agricultor cuando tratan con las dificultades de la vida. Sin ella, uno terminará en la quiebra moral, al igual que el hombre perezoso. Echemos un vistazo al estilo de vida del hombre que no entiende el principio de sembrar ahora para cosechar más tarde.

El perezoso

El perezoso no tiene visión porque tampoco tiene fe. No tiene la sabiduría de las generaciones anteriores, a las cuales debió recurrir. Duerme durante el calor del día porque cree que lo único que produce un día arduo de trabajo bajo el sol son ampollas e insolación. No tiene la expectativa de los buenos tiempos ni de la abundancia en el futuro; de hecho, no le preocupa el futuro porque está demasiado ocupado tratando de sobrevivir en el presente mientras ejerce el mínimo esfuerzo posible. A este hombre no le enseñaron el secreto de los tiempos difíciles; sólo conoce el castigo que inflige el trabajo duro y por eso prefiere quejarse.

Su visión del mundo justifica su estilo de vida. Para él es mejor mendigar durante el invierno que sacrificarse en la primavera. El hombre con esta mentalidad perezosa jamás estará satisfecho. Camina en un estado de anemia espiritual y emocional, muriéndose de la ganas por obtener lo que otros tienen. La crisis lo persigue por todas partes como los cobradores persiguen al que les debe. No hablo de los hambrientos que siembran de lo que reciben; hablo del beneficiario habitual que no tiene la visión de sembrar. Para decir verdad, muchos de nosotros tenemos un área en nuestra vida que es como la perspectiva del perezoso. Quizás no represente toda nuestra vida sino sólo un área en particular.

PARA SER HONESTO, MUCHOS DE NOSOTROS TENEMOS UN ÁREA EN NUESTRA VIDA QUE ES COMO LA PERSPECTIVA DEL PEREZOSO. QUIZÁS NO REPRESENTE TODA NUESTRA VIDA SINO SÓLO UN ÁREA EN PARTICULAR.

La "mentalidad de pobreza" ha afectado gravemente la mente de nuestra generación. Esto a menudo funciona como una enfermedad hereditaria que se transmite a través de la línea ancestral. De generación en generación, esta mentalidad de pobreza mantiene a algunas personas deprimidas e incapaces de alcanzar las bendiciones que Dios les tiene preparadas. Esto ocurre a veces por las líneas de parentesco o de consanguinidad.

La mentalidad de pobreza dice: "Nunca ganaré lo suficiente. No importa lo que haga, siempre voy a estar en necesidad". Estoy determinado a vivir así. También dice cosas como: "Si me dieran una oportunidad como a los demás en este mundo, haría algo de mí mismo". Esta mentalidad produce una idea como la de estar preso es una cárcel de desesperanza. Una vez que la falta de esperanza se haya establecido completamente en la vida de una persona, sus víctimas van a estar totalmente desmotivadas y sin visión.

Adoptar una perspectiva de largo plazo

Hablemos de los agricultores una vez más y miremos su perspectiva de la vida. Creo que al hacerlo podemos descubrir algunos pasos prácticos para vencer la mentalidad de pobreza que nos ayuden a aferrarnos al fruto de los momentos difíciles.

Paso 1: ¡Sembrar con lágrimas produce alegría!

El Salmo 126:5 dice: "El que con lágrimas siembra, con regocijo cosecha". Este pasaje presenta un panorama de lo que sucede cuando un agricultor siembra en una temporada difícil. Durante la era agrícola, si no llegaban las lluvias y los cultivos no crecían, la cosecha del año sería escasa en el mejor de los casos. A menudo, no había suficientes semilla de la cosecha del año anterior para plantar un cultivo completo y alimentar a la familia. Por lo tanto, el agricultor y su familia quedaban atrapados en un dilema: se comían las semillas que necesitaban para plantar y evitar el hambre, o debían prescindir de la comida y sembrar la semilla a fin de tener una cosecha el año siguiente.

LA RAZÓN POR LA QUE ESTE AGRICULTOR SEMBRABA
SEMILLAS CON LÁGRIMAS DE ALEGRÍA ERA PORQUE A
MEDIDA QUE SEMBRABA LA SEMILLA, ÉL VEÍA TANTO
EL HAMBRE DE SU FAMILIA COMO EL CULTIVO QUE
ROMPERÍA EL CICLO DE LA POBREZA.

¡Sin visión, este agricultor cedería ante el anhelo de su estómago y al comerse la semilla se abriría el paso a la pobreza! Se puede decir de este pasaje que *el agricultor tenía una visión de largo plazo*. La razón por la que este agricultor sembraba semillas con lágrimas de alegría era porque a medida que sembraba, él veía tanto el hambre de su familia como el cultivo que rompería el ciclo de la pobreza.

Algunas personas están atrapadas en una espiral descendente y permanente en la vida. Tienen miedo a sembrar porque no confían en que van a tener su propia cosecha. Su enfoque de la vida se ha desviado lentamente por el temor a morir de inanición. Es fácil caer en esta mentalidad. Esta mentalidad es la madre de la miseria.

La pereza (la falta de visión y de fe) puede penetrar en todas las áreas de la vida, creando complacencia poco a poco. Sin visión, uno se conforma con un plato caliente de comida al final del día, en vez de visualizar la semilla en un bello campo sembrado que producirá con el tiempo una cosecha abundante. El éxito se reduce a una barriga llena y a una cama caliente por la noche. No hay "esperanza" de una cosecha para el futuro porque no se ha sembrado ninguna semilla. Usted se comió cada pedacito de sus semillas creyendo que así preservará su vida.

Si usted desea romper este ciclo tendrá que entender este principio: *Siempre tendrá que sacrificarse en el presente para tener un futuro mejor.*

Paso 2: ¡Hoy es el día!

Benjamín Franklin dijo: "Nunca dejes para mañana lo que puedas hacer hoy". Hoy es el día. Nunca habrá otro día como este, y cada día es un regalo de Dios que jamás le será dado de nuevo.

Hay algo beneficioso que resulta cuando uno es diligente para aprovechar el tiempo y hacer las tareas que le son encomendadas. Uno se predispone eficazmente para el éxito en más de una forma cuando logra "hoy" las cosas que se suponía que debía hacer. La primera forma para lograrlo es tener la actitud que produce el ímpetu necesario para triunfar en su vida. El ímpetu es la fuerza motriz que hace que lo mediocre parezca excepcional y lo común parezca extraordinario. Soy testigo de este efecto en mi entorno. Alguien que vive sin ímpetu en la vida se sube al estrado y comparte una revelación de lo que tuvo y, por lo general, pocas personas son impactadas. De la misma manera, una persona con ímpetu se levanta y comparte una revelación similar y el efecto sobre el público se incrementa dramáticamente. ¿Por qué? ¡Porque el ímpetu proviene del Espíritu Santo que mora en nosotros!

Sin embargo, ocurre un efecto contrario con la persona que no cumple las tareas cuando le son dadas. Incluso, si cumple con la tarea un día más tarde, uno sabe que debió haberlo hecho un día antes. Por lo tanto, en lugar de usar "el ímpetu" y sentirse exitoso cuando se cumplen las tareas, la demora crea un proceso mental que le dice a uno que está atrasado en lugar de llevar ventaja y asumir el control. Un estilo de vida en el que uno está poniéndose al día crea una sensación de desesperanza y baja autoestima. Esto es lo que se llama "procastinar", es decir, dejar las cosas de hoy para mañana.

La manera natural de crear éxito se llama sembrar y cosechar. El Señor Jesús comparte otra parábola en el libro de Mateo de un señor que salía de su casa para emprender un viaje. Antes de irse les confió su propiedad a sus siervos. Uno de los siervos recibió cinco talentos (mucho dinero), el segundo dos talentos y el tercer un talento, según sus capacidades para reproducir las ganancias. Después de algún tiempo el amo regresó y le pidió a cada siervo que le diera cuenta de su inversión. Cada uno de los dos primeros siervos le dijo que habían puesto su dinero a trabajar y lo habían duplicado para beneficio del amo. Pero el último siervo no hizo tan buen trabajo con el talento que le habían dado. De hecho, le explicó al amo que lo había enterrado en un hueco porque sabía que el amo era un hombre duro y exigente.

En vista de lo que hicieron sus tres siervos, el amo condenó al que había enterrado el talento, llamándolo perezoso. Luego el amo tomó el talento y se lo dio al siervo que había incrementado lo que se le había dado. Pero la parte más poderosa de esta parábola es lo que Jesús dijo al final: "Porque a todo el que tiene, se le dará más, y tendrá en abundancia. Al que no tiene se le quitará hasta lo que tiene". Mateo 25:29

A simple vista, las últimas palabras parecen bastante duras. Pero lo que Jesús está realmente diciendo es que hay una bendición para cada persona que sea un buen mayordomo de lo que le fue dado, independientemente de si fue mucho o poco.

No importa dónde esté usted hoy. Ahora mismo tiene la oportunidad de tomar lo que Dios le ha dado y hacerlo crecer. De hecho, creo que el problema más grande de todas las personas no es la pereza sino mas bien, no *tener idea de lo que debe hacer a continuación*. Esto es lo que se llama "tener visión". Una persona que "tiene visión" puede vivir una vida íntegra delante de Dios. El primer paso para tomar una postura íntegra es detenerse y preguntarse qué le impide volverse íntegro. ¿Qué le impide cumplir el plan original de Dios para su vida? ¿Sabe usted cuál es ese plan?

> EL PRIMER PASO PARA TOMAR UNA POSTURA
> ES DETENERSE Y PREGUNTARSE QUÉ LE IMPIDE
> VOLVERSE ÍNTEGRO.

Asistí recientemente a una sesión de entrenamiento laboral donde enseñaron sobre la importancia de saber usar el tiempo. Estoy tan entusiasmado ahora con la gestión del tiempo como lo están los esquimales con el calentamiento global. De hecho, tuve que aprender a cumplir mi calendario de las cosas realmente importantes. Sobra decir que ha sido un proceso lento y doloroso. Sin embargo, en esa reunión aprendíamos sobre los beneficios de reubicar las cosas claves de nuestra vida y nuestro calendario según las prioridades, en lugar de permitir que nuestras agendas fueran dictadas por las circunstancias inútiles.

Nos vemos atrapados la mayoría de las veces en atender las circunstancias que no tienen efecto ni beneficio en nuestro futuro. Por ejemplo, no puedo decirle cuántas veces he estado hablando con personas que tienen problemas para "fijar límites" en su vida, y sin embargo, jamás han leído un libro o han visitado un consejero, ni han pasado un buen tiempo de oración para tratar de solucionar realmente su problema. Esas mismas personas pasan horas y horas viendo TV, leyendo las revistas de *Sports Illustrated* y siguiendo los episodios en la televisión como si Dios mismo los hubiera escrito. En general, pasamos muy poco tiempo enfocándonos y examinando realmente las cosas que nos traerán la máxima ganancia en esta vida. Por lo tanto, la persona promedio no tiene ni idea de cómo cambiar su modo de pensar ni de crecer espiritualmente porque él o ella no han considerado su problema a la luz de la Palabra de Dios.

Puedo recordar cómo me sentía de impotente ante las exigencias de mi hijo de dos años cuando me convertí en padre. Mi hijo tenía una manera curiosa de presionar los botones de los electrodomésticos que ni siquiera yo sabía que tenía. Y así fue cuando creció un poco más. Puedo recordar que en varias ocasiones yo salí de un evento o una reunión frustrado por el hecho de que mi hijo encontraba defectos en mí que ningún otro ser humano en el planeta entero jamás había encontrado. ¡No me tomó mucho tiempo para darme cuenta que mi hijo era un genio y que yo no entendía nada!

¿Qué hice entonces? Varias semanas después yo me senté cada noche cuando los niños se habían ido a la cama para escuchar un curso llamado "Amor y Lógica". De hecho, pasé varias horas cada noche trabajando sobre los "principios de crianza de los hijos" y en su aplicación al día siguiente.

Estoy seguro de que la mayoría de los padres se han sentido así. Pero lo que encontré a lo largo de todos los años de consejería es que la mayoría de las personas, incluso cuando identifican el problema, no hacen nada efectivo para solucionarlo. La parábola de Mateo 25 aborda este mismo asunto. Puesto que Dios me confió tres hermosos hijos, su expectativa para mí es que voy a ser un buen mayordomo de lo que Él me ha dado. Mi herencia crece cuando cuido diligentemente de mis hijos. Para ser completamente honesto, cuando comencé a aprender sobre cómo criar a mis hijos no era muy bueno en ello. Pero el Señor bendijo mi diligencia y me confió la vida de miles de personas porque nunca me di por vencido y practiqué ser un buen mayordomo de lo que Él me dio.

La mentalidad del agricultor dice que sólo hay un hoy, y lo que uno hace con este será el resultado de mañana. Si uno no está satisfecho con el lugar donde se encuentra hoy, es por lo que uno hizo con el ayer. Mire cada día como un regalo, sin importar lo difícil o fácil que sea el día. Si uno siembra hoy con lágrimas, mañana cosechará con alegría. ¡De modo que despierte de su letargo, desperécese y viva bien hoy!

SI UNO SIEMBRA HOY CON LÁGRIMAS MAÑANA
COSECHARÁ CON ALEGRÍA. ¡DE MODO QUE DESPIERTE
DE SU LETARGO, DESPERÉCESE Y VIVA BIEN HOY!

Paso 3: ¡La alegría de las pruebas!

En la carta del apóstol Santiago 1:2-4 dice: "Hermanos míos, considérense muy dichosos cuando tengan que enfrentarse con diversas pruebas, pues ya saben que la prueba de su fe produce constancia. Y la constancia debe llevar a feliz término la obra, para que sean perfectos e íntegros, sin que les falte nada". Aquí yace uno de los secretos más grandes del éxito en toda la Biblia. Sin embargo, a primera vista, ¡este parece ser el versículo más ridículo!

No estoy seguro de cómo es su caso, pero la última vez que tuve una prueba importante mi primera reacción no fue la de sentir que me moría de la emoción por ello. Realmente no pienso: *creo que esta prueba va a probar mi fe para que nunca me falte nada.* ¡En cambio, mi primera reacción fue de averiguar cómo pude haberme metido en eso, para poder salir lo antes posible!

El proceso de Dios para crear la integridad en nosotros se realiza a través de las pruebas que fortalecen nuestra fe en Él. La única manera en que podríamos pasar por una prueba y estar súper felices al respecto es si creemos realmente que Dios dispone todo (incluyendo las situaciones difíciles) para el bien en nuestra vida ver Romanos 8:28. Sé que esto no suena muy divertido, pero resulta ser cierto.

Hay una gran oportunidad para crecer espiritualmente que viene con cada temporada difícil para los que tienen los ojos para verla como Dios la ve. Si esto es así, ponga en acción la mentalidad del agricultor y comience el trabajo ahora mismo.

Hay una gran emoción que viene para el agricultor en cada etapa de la cosecha. Él no está entusiasmado por las ampollas que tiene en sus manos sino por la seguridad de que lo que siembra (aunque con dolor) producirá su fruto.

He oído decir muchas veces que *la adversidad* empuja a un gran hombre a la cima del éxito. La resistencia de un suelo duro produce fuerza en los músculos del agricultor. Esta fortaleza lo sostendrá a lo largo de su vida y con seguridad será la fuerza que va a utilizar en sus últimos años. La sabiduría que obtuvo con el trabajo será transmitida a través de su línea ancestral hasta sus hijos y nietos. Su fe se convertirá en la fe de sus hijos en los tiempos difíciles. Entonces sus hijos usarán su testimonio para producir una abundante cosecha en su vida, y siempre tendrán lo necesario.

Las lecciones de la vida del rey David

Me encanta la vida del rey David. Él era un maestro para creer en Dios en los tiempos difíciles de la vida y en negarse a salir de sus circunstancias hasta que Dios no lo promoviera. David utilizó continuamente la adversidad como un ariete para forzar el camino hacia su destino.

Las primeras victorias de David cuando mató el león y el oso lo afirmaron estratégicamente para su triunfo sobre Goliat. Todas estas victorias lo llevaron al palacio para ministrar al rey Saúl. No pasó mucho tiempo para que el ministerio de David con Saúl terminara abruptamente. El rey Saúl, con arrebatos de ira, sacó lejos a David de su reino y lo obligó a vivir como un ermitaño escondido en las colinas y cuevas mientras que Saúl trataba de matarlo. Esta época en la vida de David resultaría ser uno de los avances más estratégicos hacia su destino ya que cientos de parias se unieron a él en su vulnerabilidad.

A lo largo de ese tiempo el rey David se negó a matar a Saúl y a hacerse cargo de su reino a pesar de que se presentara la oportunidad en más de una ocasión. Es un proceso que produce madurez en nuestra vida. Al final, David se convirtió en uno de los más grandes reyes de la historia, y los parias que se ocultaban con él se convirtieron en hombres poderosos, su protección durante el resto de sus años. Lea esta historia en 1 Samuel 17-31

El Señor usa la adversidad en nuestra vida para sus propósitos. Él no siempre nos libra de la resistencia porque su primera preocupación no es nuestro consuelo. Dios quiere que seamos como Él—perfectos—, sin que nos falte nada. Al igual que el agricultor, si nos saltamos el proceso de romper el suelo duro y de labrar la tierra, la semilla que dispersamos no echará raíces sino que se marchitará y morirá bajo el sol abrazador.

Asumo que mientras usted lee hoy este libro la adversidad estará a la puerta y se asomará por su ventana. Pero le tengo buenas noticias: Dios está creando una nueva manera de vivir para que usted sea íntegro, sin que le falte nada. ¡Su tarea en este tiempo es aferrarse a la esperanza y no soltarse! Al igual que el agricultor que trabaja para producir una cosecha, su alegría descansa en la *esperanza* de una cosecha venidera.

No pierda la esperanza

El escritor de la Carta a los Hebreos dijo: "Ahora bien, tener fe es estar seguro de lo que se espera; es estar convencido de lo que no se ve". Hebreos 11:1, *RVC*.

Si uno sólo actuara según lo que se ve jamás sería capaz de acumular una herencia para el futuro. Sin esperanza, sin la capacidad de creer y confiar en Dios, es imposible tener fe. Y sin fe es imposible agradar a Dios. Lo que uno cree en el corazón y lo que uno espera con fe, se hará manifiesto en la esfera del mundo real.

¡Si uno se encuentra atascado en una mentalidad de pobreza, y si la vida lo ha consumido a través de su carrusel de decepción, es hora de cambiar su modo de pensar! Salomón, el hijo del rey David escribió: "Porque cual es su pensamiento en su corazón [del hombre], tal es él". Proverbios 23:7, *RVR1960*.

¡SI UNO SE ENCUENTRA ATASCADO EN UNA MENTALIDAD DE POBREZA, Y SI LA VIDA LO HA CONSUMIDO A TRAVÉS DE SU CARRUSEL DE DECEPCIÓN, ES HORA DE CAMBIAR LO QUE ESPERABA!

El resultado de perseverar en los tiempos difíciles será lo que lo empuje a su destino final. La cosecha que usted produzca en la adversidad le dará el fruto que lo sostendrá firme durante sus últimos años. De hecho, lo que se siembra con el sacrificio de su juventud se transmitirá a su madurez y será llevado a sus hijos a través de varias generaciones.

La próxima vez que pase por un tiempo difícil en la vida, deje que el arado de la perseverancia prepare el campo de la prosperidad.

Liberar al hombre interior

Le conté en el capítulo anterior una historia sobre un agricultor y un perezoso (un hombre sin visión) para ilustrar cómo nuestro enfoque hacia los momentos difíciles de la vida afecta nuestro futuro. También le describí la parábola de los talentos (cómo ser buenos mayordomos de lo que Dios nos ha dado). En términos generales, las historias y las parábolas son una manera poderosa de extraer la verdad para la vida.

El siguiente capítulo comienza con una parábola moderna sobre un corazón que está desconectado del propósito de su vida. Esta alegoría describe a muchos hombres y mujeres que pasan toda su vida sin saber para qué están viviendo.

El corazón congelado

Dé un paseo conmigo por un pasillo largo y angosto, un lugar donde se olvida de la vida. Las paredes de hielo endurecido no tienen la capacidad en sí mismas de sentir ni respirar pues se han aislado de la luz del día. Al pasar por el corredor, usted puede ver el trabajo de muchas manos. Las cicatrices de la historia antigua están grabadas con huellas muy profundas en las paredes. Los murales de arriba a abajo cuentan las historias del abuso y de la falta de amor que han atormentado este lugar.

A medida que usted continúa moviéndose por el pasillo congelado llega a un conjunto de barras de acero y no puede seguir adelante. Miles de palabras de bondad y amor se encuentran tendidas en el suelo. Todas son inútiles—porque no significan nada—mientras que las palabras de odio y rabia están vivas y tratan de abrirse camino a toda costa por la puerta hacia el exterior de la jaula. Usted ve a través de las barras de acero un corazón roto y frío, destrozado por las promesas del engaño. Lo engañaron desde niño.

Al ver ese corazón sangrante usted comienza a rogar y a suplicar para que lo dejen ayudar. Clama a todo pulmón pero las palabras sólo hacen eco en las paredes de hielo. No hay nadie aquí que ponga atención, nadie que escuche su ruego. La súplica se convierte rápidamente en tormento a medida que usted busca frenéticamente las llaves que abran esta puerta. Usted sabe que no falta mucho tiempo para que este corazón frío se congele y sea incapaz de volver a sentir. Sin sentimientos no se puede vivir.

Sus dedos comienzan a sangrar a medida que recoge las palabras hechas añicos en el suelo. Pero no importa, porque en algún lugar entre los restos debe estar la llave...la llave que es la única manera de salir de esta prisión de hielo. Usted excava y excava hasta que los dedos sangrando se encuentran con una roca de concreto, pero aún así no hay manera de salir. En medio de la frustración usted grita en el fondo: "¿Quién me trajo aquí?" "¿Quién me quiso dejar aquí para que me pudra en esta tumba congelada?". Las palabras pasan por entre las barras mientras se compadecen del corazón maltratado.

El corazón se queja en voz alta al escuchar sus palabras porque le recuerdan el tormento de la falta de amor en el pasado. Poco a poco, las barras de la cárcel se hacen más gruesas y la temperatura desciende en el pasillo. Entonces usted comprende que fue el corazón el que construyó esta cárcel. Por eso ya no puede permitirse el lujo de abrir la prisión que tomó tanto tiempo en construir. La fue construyendo poco a poco, a medida que sentía amargura y odio contra los que lo maltrataban. Ahora ya no puede tener esperanza porque sólo se acuerda del amor pisoteado.

El tiempo se acaba. El corredor está insoportablemente frío y pronto usted va a estar como su corazón, entumecido e incapaz de moverse porque ya no tiene sentimientos. Ahora debe tomar la decisión de correr el riesgo de morir o de perdonar. La muerte es el rostro negro del mal que le roba el amor que nunca le perteneció.

En este momento usted respira profundamente y piensa en su familia—la esposa de su juventud y sus hijos que se aferran con tanto cariño a usted como padre—. Usted trata de respirar profundamente una y otra vez pero su respiración se convierte rápidamente en un jadeo a medida que comienza a darse cuenta de que no puede sentir nada por su esposa e hijos. Usted comprende que se ha quedado sin sentimientos. Aterrorizado, examina su pecho para encontrar que su corazón se ha ido.

Presa del pánico corre de regreso al pasillo de los murales de hielo congelados, al lugar donde se almacenan los recuerdos. Mirando arriba y abajo empieza a examinar cada imagen en sus detalles. Usted se ve allí como un niño aferrado a su padre para recibir su afirmación, pero recuerda que nunca fue un niño bueno. Usted era el hijo que él no quería. Él quebrantó su espíritu con sus ásperas palabras y con su falta de amor hacia usted. Su falta de afecto fue la trampa del cazador que encerró su corazón y lo fue congelando hasta desear sólo una muestra de consolación.

EN ALGÚN LUGAR MÁS ADELANTE LA VIDA SE VOLVIÓ UNA RUTINA DE APAGARSE LENTAMENTE. DESPUÉS DE TODO, UNO NO TIENE QUE SENTIR PARA VIVIR, SOBRE TODO CUANDO SENTIR ES PEOR QUE MORIR.

En este punto usted comienza a comprender, al mirar a través del hielo, que su vida entera fue un horror. Lo puede ver claramente en sus recuerdos...este es un testimonio de lo que le ocurre a un corazón que se deja abierto para que sienta. Todavía hay "sentimientos". Pero en algún momento más adelante de la vida este dolor se volvió una rutina hasta que los sentimientos se fueron apagando lentamente. Entonces usted llegó a la conclusión de que, después de todo, uno no tiene que sentir para vivir, sobre todo cuando sentir es peor que morir. Obviamente, esta es una conclusión errada. Al llegar a este punto usted tiene ganas de llorar pero no hay lágrimas; está demasiado frío; está atrapado dentro de sí mismo, dentro de la jaula que usted construyó.

Desesperado, corre de regreso a buscar su corazón, golpea la jaula gritando para que lo deje entrar. Usted le grita con hondos gemidos: "¿No se da cuenta que va a morir ahí?". El corazón también gime al oír sus palabras pero no está dispuesto a moverse. Al caer de rodillas usted comienza a suplicarle, recitando algunos recuerdos de su infancia. "Estuve allí cuando alguien abusó del amor y te maltrató; también estuve cuando lo único que necesitabas era la caricia de tu papá. Estuve allí cuando la resignación se convirtió en el consuelo de tu espíritu quebrantado...desafortunadamente esa fue la única salida. Nadie te ayudó. Vi el dolor en tu aislamiento sabiendo que eso significaba perder la posibilidad de volver a establecer vínculos afectivos. ¡Qué tristeza! Ahora veo el odio que tienes hacia mí por no haber sido capaz de protegerte...por no haber entendido tu dolor a causa de las mentiras que nos dijeron desde niños".

Sabe usted, querido lector, ¿qué sucede cuando un corazón herido llega a este punto?

Por primera vez en mucho tiempo el corazón comienza a llorar al darse cuenta de que hay alguien a quién le importa— alguien que ve su dolor porque sabe donde este ha estado—.

Esto ocurre así porque, aun cuando el corazón vive dentro de usted, es su propia persona la que necesita ser explorada y comprendida. Corren las lágrimas y el hielo se derrite lentamente mientras que el corazón comienza a sentir de nuevo. El corazón nunca antes se había sentido lo suficientemente confiado para que pudiera abrir la cárcel de hielo; pero lentamente los tornillos comienzan a romperse uno a uno a medida que el corazón escucha nuevas promesas de amor: *"Le prometo que lo voy a querer más que a nadie. Ahora sí lo voy a cuidar. Le prometo que buscaré la forma de protegerlo. Le prometo no tener miedo a sentir amor, incluso cuando me duela. Ahora comprendo que los sentimientos valen mucho. ¡Y le prometo que nunca me voy a desconectar de usted otra vez dejándolo solo a su suerte!"*.

Al salir del corredor aquel día, lo único que cambió dentro de usted fue la decisión de ser valiente y de no esconderse más.

MUCHOS DE NOSOTROS PASAMOS NUESTRA VIDA ENTERA SIN DARNOS CUENTA QUÉ ES LO QUE REALMENTE NECESITA NUESTRO CORAZÓN O SIN NI SIQUIERA SER CONSCIENTES DEL CASTIGO QUE LA VIDA HA INFLIGIDO.

Muchos de nosotros pasamos la vida sin entender qué es lo que realmente necesita nuestro corazón, porque ni siquiera somos conscientes del dolor que la vida nos ha infligido. No tenemos manera de satisfacer nuestras necesidades más profundas de amor si no podemos conectarlas con nuestro corazón. ¡Este tipo de vida nos desespera por encontrar una manera de hacer frente a los embates de la vida porque una necesidad no satisfecha conduce al dolor!

La muralla de protección

Nadie comienza su vida con la intención de encerrarse a sí mismo en una cárcel de hielo. Después de todo, ¿quién quiere ser un desgraciado y vivir solo? El proceso de encerrarse es el último esfuerzo del cuerpo por sobrevivir a lo que considera un traumatismo fatal. Si el trauma de la amargura no desaparece, la mente tiene que tomar la decisión de volverse completamente loca o *desconectarse del lado emocional de la realidad.*

Me presentaron hace unos años a un hombre llamado Blake, quien en aquella época era la única persona que yo había conocido como uno de los "muertos vivientes". Antes de enterarme de cualquier cosa sobre su dolor, Blake me pidió que me sentara y le ayudara a analizar algunas cosas delicadas de su vida. En cuanto Blake comenzó a compartir sus tristezas aquel día, mis ojos se abrieron a un mundo que jamás había visto antes. Blake era un muerto viviente.

Los primeros recuerdos de la infancia de Blake estuvieron plagados de maltrato emocional, el cual en su mayoría le fue infligido intencionalmente por aquellos que se suponía que más lo amaban. Blake fue maltratado en su propio hogar y me explicó que a los cinco años de edad decidió "no sentir nada". Blake pensó que podía vivir "sin sentimientos". ¡Creía que las únicas personas que no lo lastimarían eran las personas que estaban en el cielo o las personas que no sentían nada!

Blake "vivió" durante 14 años emocionalmente aislado y paralizado por lo que sentía su corazón. De hecho, me dijo que si uno lo viera por la calle y tratara de darle una paliza, ni siquiera se habría defendido. ¡No tenía sentimientos! Me explicó que las personas que se protegen a sí mismas tienen algo que vale, y si uno tiene algo valioso entonces tiene algo que puede perder. En otras palabras, me dijo que "si uno tiene algo que puede perder entonces puede sentir el dolor". ¿Me entiende?

Blake había endurecido su corazón y sus emociones colocándolas dentro de una jaula de acero cubierta de hielo. No había sentimientos que pudieran penetrar, ni podía sentir nada, siempre y cuando las barras estuvieran en su lugar. Blake decidió no sentir nada. Fue uno de los *muertos vivientes* que caminaban literalmente sin permitirse sentir nada en su corazón. Ni siquiera pensó que tenía corazón. ¿Cómo es posible vivir así?

Pasé varias semanas con Blake tratando de descongelar las paredes de hielo y removiendo las barras que había construido durante toda su vida. Al igual que la alegoría de la prisión del hielo en este capítulo, poco a poco Blake fue capaz de crear un lugar donde su corazón pudiera "sentir algo" otra vez. Lo que aprendí fue que nadie se va demasiado lejos de sus sentimientos y que Blake no era un caso aislado. ¡Bendito sea Dios!

Existe una gran parte de nuestra sociedad que de alguna manera ha decidido vivir sin manifestar sus emociones. De hecho, descubrí que la mayoría de las personas que se encierran en su amargura no necesariamente nacieron en un hogar destruido ni soportaron un montón de malos tratos. Pero como no supieron cómo lidiar con el dolor, entonces tuvieron que cerrar alguna parte de su corazón para vivir como muertos con vida. ¿Conoce usted a alguien que tiene un "corazón frío"? ¿Conoce a alguien que esconde sus sentimientos? ¿Qué pudo haberle pasado para que le mataran sus sentimientos?

Un corazón sobreprotegido

Hablaba yo con una amiga que tiene unos treinta y cinco años sobre el tema de *enamorarse*. Para darle un poco de perspectiva a usted, esta chica es de alto nivel social, guapísima y divorciada. He tratado muchas veces, durante el último año, de ayudarle a encontrar un hombre para que se case. Sin embargo, sin importar lo que sus amigos tratamos de hacer para ayudarla, ella tenía una idea equivocada de cómo debía ser una relación romántica y no estaba dispuesta a pensar de otra manera. Había sido engañada y no quería volver a sufrir otro desencanto.

Ella sólo sabía que la única manera en que funcionaría una nueva relación amorosa sería que esta fuera diseñada por el mismo Walt Disney. ¡Algo fantástico! Así, a causa de nuestras conversaciones comenzó a tener una revelación especial. A través del consejo de algunos amigos comprendió finalmente que su punto de vista de encontrar "un hombre perfecto" saboteaba sus relaciones amorosas. Había creado adrede una lista de condiciones imposibles para aceptar un hombre. Pensó que necesitaba un esposo para protegerse a sí misma de correr el riesgo de enamorarse *otra vez*. ¿Qué sentido puede tener eso?

Obviamente, su relación pasada le había enseñado tristes lecciones sobre el amor que no quería volver a experimentar. Por eso su corazón hizo lo único que sabía hacer: callar los sentimientos y fingir que no sentía nada. Ella hizo esto porque no sabía cómo proteger su corazón ni tratar con el dolor de una relación rota. Entonces creó una manera de mantener alejado al amor. Muchas personas actúan de esta misma manera.

Descubrí que la razón más común por la que esas personas se encierran en sí mismas es por la crianza que tuvieron durante su infancia. Uno es más vulnerable a los problemas que nos rodean cuando es un niño pequeño y no puede cambiar la realidad. Debido a esto, los niños suelen ser las *víctimas de la disfunción de sus padres*. Aprenden duras lecciones sobre el amor y la vulnerabilidad que los obligan a "cerrar su corazón para no sentir dolor".

La alegoría con la que introduje este capítulo es un buen ejemplo de lo que ocurre cuando una persona recuerda su infancia y se da cuenta de que jamás fue realmente amada. Entonces comienza a entender por qué su corazón tuvo que encerrarse en una jaula de acero. Como esto suele ocurrir a una temprana edad, es común que la persona ni siquiera se dé cuenta de lo que realmente le ocurrió, ni de la forma en que el corazón se cerró para sobrevivir en un ambiente congelado. Por eso es frecuente encontrar personas insensibles y frías.

Esta disfunción se desarrolló en un mundo donde las necesidades del niño o de la niña fueron insatisfechas y el dolor del corazón se volvió una parte habitual de la vida diaria. Algunos comportamientos personales como la co-dependencia y la inseguridad se convirtieron en la norma de vida "cuando el amor se da y se recibe de manera condicional"—, como cuando le dicen al niño: lo amaré sólo si dice o hace lo que yo quiero—.

Estos problemas se manifiestan en todo tipo de formas, desde la ira ante la manipulación hasta caer en la pasividad y la soledad. Hay personas que prefieren no hacer ni decir nada porque su corazón ya se volvió como un témpano de hielo. Aunque estas personas viven como si no tuvieran necesidad de amor (lo cual es una gran mentira), se vuelven "expertos" en dar consejos a los demás. Por fuera parecen personas compasivas que corren de un lado a otro para asegurarse de que nadie esté sufriendo, pero en la dura realidad de su vida han aprendido que "cualquier relación conduce al engaño y al dolor" porque eso fue lo que le enseñaron desde la infancia. Por lo tanto, aparentar no tener necesidad de amor es una manera efectiva pero increíblemente engañosa de protegerse del dolor.

La belleza de las emociones

Hay literalmente cientos de maneras en que las personas se protegen a sí mismas para "no tener que sentir nada", y de cualquier otra manera compensan el dolor en su vida. Esas personas se resisten a mostrar sus sentimientos. Pero para encontrar la sanación, lo más importante es saber que Dios fue el que *nos diseñó con sentimientos*. Él nos creó como una obra maestra de emociones cuando creó a los padres, a las madres y a los hijos. Nuestras emociones maternales son motivadoras en la forma más pura.

Sin ellas no podríamos vivir. Las emociones alientan nuestra vida y se usan para incentivarnos a la acción. De esa misma manera se estimulan nuestros músculos y los vasos sanguíneos se dilatan o se contraen dependiendo de los sentimientos que invaden nuestro cuerpo. Por lo tanto, nuestras emociones juegan un papel importante para motivarnos o disuadirnos de la acción.

En otro nivel, las emociones nos ayudan en la toma de decisiones. Por ejemplo, nuestras emociones nos permitirán saber si podemos hacer algo cuando esto contradice nuestros valores. Sin la capacidad de sentir emociones usted no será capaz de conectarse con el mundo que lo rodea. Sus emociones crean lazos fuertes de conexión y armonía entre usted y su entorno social. No puedo contar las veces que he hablado con niños pequeños que están completamente desconsolados porque sus padres jamás les dijeron las palabras *"Te amo"*. Incluso en su vida de adultos, el dolor de vivir sin que sus padres los traten con amor es increíblemente perjudicial. En cambio, si miran hacia atrás a algunos de los mejores momentos de su vida con sus amigos o familiares quizá recuerden un instante en que se sentían emocionalmente conectados con ellos. En el nivel más elemental de nuestros sentimientos fuimos creados para relacionarnos con el mundo que nos rodea a un nivel emocional.

En el nivel más fundamental somos creados para relacionarnos con el mundo que nos rodea a un nivel íntimo.

Es importante recordar que Dios creó las emociones, tanto las positivas como las negativas, y cada una de ellas juega un papel esencial en nuestra vida. Ambas nos ayudan de una manera diferente. Las emociones negativas nos ayudan a mantenernos alertas ante el peligro. Son como advertencias que nos estimulan a actuar—desde huir del peligro hasta evitar a los que nos incitan al mal—. Las emociones positivas son importantes porque nos alientan para realizar múltiples actividades como estimular nuestro sistema inmunológico, promover una buena autoestima y prevenir la depresión. Hay libros enteros escritos sobre este tema.

Es indispensable entender que la intención original de Dios es que vivamos animados por nuestros sentimientos, así como por nuestros pensamientos y nuestra voluntad. Estas son las facultades que constituyen el alma.

Hola ¿cómo está mi yo?

¿Cuándo fue la última vez que usted se detuvo a preguntarse?: *¿Cómo está hoy mi corazón? ¿Qué necesito para sentirme bien? ¿Por qué me siento hoy así? ¿Qué puedo hacer al respecto?* Su mente y su corazón son sus dos mejores defensores para tener una vida sana. Sin el conocimiento de lo que ocurre en su interior y de lo que necesita su alma, usted realmente no tiene manera de cuidar totalmente de sí mismo.

A la mayoría de nosotros nunca nos enseñaron cómo conciliar nuestra mente y nuestro corazón. De hecho, a muchos de nosotros nos enseñaron mentiras tales como: "el dolor es la debilidad que sale del cuerpo" o "lo que no me mata me hace más fuerte". Pero la verdad es que el dolor ocurre por causa de nuestra naturaleza humana. El dolor es parte de nuestra vida. Sin embargo, debemos aprender a tratar con el dolor porque cuanto más viva la persona quejándose del dolor, mayor es la probabilidad de que su corazón se cierre. En esto consiste la amargura. Recuerde qué le sucede a una persona cuando el corazón se encierra como en una cárcel de hielo. La mayoría de nosotros no sabemos manejar nuestros sentimientos porque no hemos tomado el tiempo suficiente para preguntarnos *"hola…*

¿cómo te sientes hoy?". Tampoco nos hemos preguntado: *"¿Cómo puedo conseguir ayuda?".* Si no sabemos quiénes somos ni cómo estamos, ¿cómo podemos realmente compartir nuestros sentimientos con los demás?

Son muchas las personas que evitan hacerse preguntas como: "¿Qué sentimientos me afectan ahora?" Generalmente no se atreven a preguntarse esto porque a veces este tipo de pregunta los conduce a una sensación de impotencia. No saben qué hacer. En verdad, no saben qué hacer con lo que está sintiendo. En el siguiente capítulo usted aprenderá la verdad de Dios sobre el dolor y cómo procesarlo de una manera sana. Así ya no tendrá que vivir insensible al mundo que lo rodea ni desconectarse de su corazón. Aquí aprenderá usted cómo abrir su ser interior para ser libre y deshacer las mentiras que lo han tenido huyendo de los demás.

7

En el consuelo de su propio dolor

Siéntese un rato conmigo; quítese los zapatos, cierre los ojos y relájese. Bienvenido al clima frío de la realidad, un lugar que es incómodamente doloroso para la mayoría de nosotros. Le prometo no dejarlo aquí mucho tiempo, como una vez yo estuve también. En el capítulo anterior hablamos de los sentimientos de su corazón y de las diferentes maneras en que usted ha tratado de protegerse de los embates de una realidad dolorosa. También hablamos de las personas que huyen del dolor. En este capítulo usted va a descubrir que la realidad es el único lugar seguro para tratar con el dolor.

Hay un común denominador en todas las historias del capítulo anterior, un tema común. Ninguna de las personas descritas tuvo una buena preparación para tratar con el dolor. Si lo piensa bien, podría usted decir ¿cuándo fue la última vez que alguien le enseñó a procesar el dolor? Si usted es como la mayoría de las personas, la respuesta es probablemente "nunca". Así que, mi siguiente pregunta es: ¿Qué hizo usted con su dolor?". Deje de leer por un instante y trate de responder sinceramente esta pregunta. La respuesta será quizás la clave para descubrir por qué usted es así.

Enterrado vivo

Recuerdo la cita de consejería que tuve con Joe cuando él acababa de regresar de Irak. Joe era un enfermero del ejército, por lo que estuvo expuesto regularmente a escenas horribles de muerte. Ahora estaba en mi oficina y era insensible al mundo que lo rodeaba. Sentado frente a mí, le dije que cerrara los ojos mientras le preguntaba: *"¿Dónde puso sus emociones durante esos años?"*. Estuvo aparentemente tranquilo por un rato antes de abrir sus ojos y luego describió una escena devastadora. He aquí el relato de Joe en sus propias palabras:

¡Tengo que cavar más rápido! Me dije, como si hubiera alguien en el campo que me escuchara. La tierra es muy fría y dura para cavar un agujero, pero empecé a hacer algunos progresos. El agujero es ahora de aproximadamente medio metro de profundidad y apenas puedo distinguir el fondo con la débil luz de la luna. Puedo oír a los hombres en algún lugar a la distancia gritando y chocando con la maleza... están cada vez más cerca, pero todavía hay tiempo.

Estoy cubierto de sangre de pies a cabeza, en el barro helado. Le grito a la luna, casi con un gemido: "¡Debo enterrar esto antes de que me atrapen!". La tierra y las rocas han desgastado mis uñas hasta sangrar y me arden como fuego. ¡Puedo oír los caballos que se acercan y los perros los guían directamente hacia mí! Sólo unos pocos segundos más y podré meter esta carne en el agujero, y nadie sabrá nunca lo que hice con ella.

Me agacho justo encima del agujero y miro alrededor como un animal salvaje que están cazando. Puedo oír ahora a los cazadores. Sus gritos están muy cerca y puedo ver sus luces que iluminan el suelo a mi alrededor. Con mi tarea casi completa, no les doy más que una mirada fugaz. Pienso por un instante en mis pies descalzos, las huellas que estoy dejando. Son una invitación abierta para que cualquiera pueda desenterrar lo que he enterrado apresuradamente pero ahora no puedo hacer nada al respecto. No tengo tiempo.

Lo meto en el agujero, empujo la tierra suelta y las rocas de vuelta al hueco que he hecho, justo cuando me encuentra una linterna. Un hombre les grita a sus amigos: "¡Ahí está, lo tenemos ahora!". Salgo como una flecha en la noche corriendo velozmente como un ave que se abre camino por el aire. Pero me tranquilizo pensando que ya está enterrado. Espero que olviden que lo puse allí. Ruego que no me alcancen. Me doy a la fuga. Arrastro mi cuerpo manchado de sangre sobre troncos de árboles caídos, salgo disparado por varios arroyos, la ardiente agua fría me quema durante unos pocos segundos. No me puedo preocupar ahora de eso. Mis pies descalzos golpean fuerte el suelo y me sacuden hasta la médula. Mis pies están hechos trizas y grito de agonía con cada paso pero no dejo de correr. Me dirijo rápidamente por un sendero hacia el valle de abajo. Las tierras de cultivo se ven muy lejos a la luz de la luna. Mi escape desesperado y abrupto dejó el pelotón en una confusión total. Les llevará unos minutos para reagruparse. Encuentro paz en este pensamiento.

Me abro paso entre un matorral de robles en la parte inferior del sendero. Llego a las tierras de cultivo, abajo en el valle. Comienzo a abrirme camino por entre los maizales que proporcionan una excelente cobertura y evita que los hombres me encuentren rápidamente. La tierra aquí es blanda, difícil para hacer un escape rápido y ahora sé que pierdo terreno. Me abro paso por el extremo opuesto de los maizales donde encuentro una casa abandonada. Esta me proporcionará un lugar para descansar mientras me buscan por los campos. Rompo violentamente la puerta delantera y la cierro detrás de mí. Corro a la ventana que da al maizal del cual acabo de venir y la abro un poco para poder escuchar a los hombres cuando vengan por mí. Me dejo caer, pongo mi cabeza contra el alféizar de la ventana por un instante. No sé cuánto tiempo estuve allí porque me quedé dormido.

Me despierto con un extraño brillo de color naranja y un sonido crepitante. Aturdido por el sueño, me cuesta comprender qué está ocurriendo. Me llega a la mente como un relámpago la idea que ellos le prendieron fuego al campo para sacarme del escondrijo. El humo está llegando a la casa, corro ahogándome a la sala y paso al comedor. Fuerzo la puerta trasera y me dirijo al establo. No puedo escuchar mucho por el rugido del fuego. Llego al establo en unos pocos segundos. Doy vuelta por la esquina y trato de pasar del establo hacia otro campo más allá. Nunca vi al hombre ni el mango del hacha, pero este encontró mi cabeza con un movimiento perfecto.

*Me despierto para encontrar una docena de hombres a mi alrededor, sin dejar de mirar con horror la vista delante de ellos. Miré lo que enterré, la carne que puse en el suelo no era de otro hombre. ¡Era la mía! Extirpé **mi propio corazón** porque no pude soportar más la carga del dolor que este me traía. El amor que había perdido, las cosas que había hecho y visto... Tenía que deshacerme de ello. Desecho de ello estoy. El pelotón me buscaba porque pensaban que había matado a alguien. Lo único que maté para siempre fue mi capacidad de sentir. Luego me puse de pie ante ellos, empapado en sangre y congelado. Se me acerca un hombre gordo y calvo. Dice débilmente: "Hijo ¿qué te has hecho? ¿Cómo puedes seguir vivo?". —Me río de su comentario y le replico en un tono que podría despellejar a un hombre vivo: "No me queda nada en ese pedazo de carne. La amargura es todo lo que queda de una vida en la que no quiero más que olvidar".*

El hombre da un paso atrás sin saber cómo responderme.
Entonces arremeto de nuevo: "¿Me pregunta usted cómo sigo
vivo? Creo que es debido a mi fuerte voluntad de vivir una
vida libre de dolor".

Traen ahora a los periodistas y toman fotos con sus cámaras
de lujo. Escriben cosas en sus cuadernos de apuntes blancos
con líneas azules. Ya puedo ver mi imagen en el periódico de
la mañana: estos hombres parados a mi alrededor sintiéndose
triunfantes. Estoy empapado de sangre, cubierto y goteando
lodo. Hay un gran hueco justo debajo de mi tetilla izquierda,
justo del tamaño perfecto para extraer mi corazón. Se puede
ver todavía el vapor que sale del hueco y las señales de un
cuerpo todavía caliente. Estoy cubierto de harapos, sin zapa-
tos. Mi rostro está sucio y todavía cuelgan los grilletes en mis
muñecas y tobillos. ¡Qué espectáculo debo ser para ellos! Me
temen en este estado. Soy un tipo de animal rabioso que debe
ser destruido. Ahora no tengo sentimientos. El pensamiento
de un hombre como este los asusta. No les será fácil matarme.
No lo haré más fácil para ellos.

Joe había enterrado sus emociones en algún agujero, muy lejos, para no ser visto de nuevo. La brutalidad diaria de la guerra
era más de lo que podía manejar por su cuenta. Y una vez más,
sin la capacidad ni la conciencia para procesar lo que sentía su
corazón, la única opción lógica era enterrarlo. ¿Cómo le parece
esta historia? ¿Puede alguien vivir sin sentimientos?

Independientemente de que sus experiencias sean como las
de Joe o como las mías por un divorcio destructivo, usted debe
tener un plan para manejar su dolor. Uno de los mayores malen-
tendidos que las personas tienen sobre el dolor es que el tiempo
lo cura. Pero eso no es cierto. Creen que de alguna manera, si
tan solo se olvidan de ello o ignoran lo que sienten o lo que
les ha ocurrido, todo su dolor va a desaparecer. ¡Esto no puede

estar más lejos de la verdad! Si el tiempo sanara las heridas del corazón las personas que están en la cárcel durante muchos años serían las personas más íntegras.

El tiempo es revelador y facilitador, pero por sí sólo no sana las heridas. Si usted siembra una semilla en buena tierra y la riega, con el tiempo ésta crecerá y revelará su especie. Si usted siembra la misma semilla y nunca la riega, nunca crecerá. De la misma manera, si usted pasa conscientemente por el verdadero proceso de sanidad, usted puede estar seguro de que será sanado. Pero si se salta este proceso usted quedará preguntándose por qué está así.

EL TIEMPO ES REVELADOR Y FACILITADOR. SI USTED SIEMBRA UNA SEMILLA EN EL SUELO Y LA RIEGA, CON EL TIEMPO ESTA CRECERÁ Y EVELARÁ SU ESPECIE. SI USTED SIEMBRA LA MISMA SEMILLA Y NUNCA LA RIEGA, NUNCA CRECERÁ.

Dichosos los que lloran

Mateo, el evangelista, escribió: "Dichosos los que lloran, porque serán consolados". Mateo 5:4, si lo que dice este versículo es cierto, entonces también se podría leer: "Malditos los que no lloran, porque no serán consolados". El proceso real de tratar con el dolor y convertirse en una persona íntegra es el proceso de reconocer lo que ha sucedido y llorar su dolor.

El reto de este tipo de modo de pensar es que a ninguno de nosotros nos gusta sentarnos y pensar en nuestro propio dolor emocional. La mayoría de las veces el dolor nos hace sentir tan increíblemente impotentes y sin esperanza que sólo centrarnos en ello lo empeora. Por eso la respuesta de todo el mundo al dolor es ignorarlo. ¡Sin embargo, sin el proceso de duelo no hay sanidad emocional!

Llorar el dolor no significa que usted se desespere y gima en su problema hasta que se enfade y se conmueva profundamente (aunque esto puede suceder a veces). La forma más saludable de llorar su dolor requiere *de un principio y un fin*. Al igual que en un funeral, usted se une a los recuerdos de la vida de la persona que falleció a través de sus fotos y sus palabras amables. Usted también sabe que probablemente va a llorar por la realidad de que él o ella se hayan ido a la eternidad. Pero, finalmente, si alguna vez ha experimentado una muerte en la familia, usted sabe que el dolor irá menguando después de que haya llorado y se hayan procesado los recuerdos.

El desarme de la bomba de tiempo interior

El día que me abandonó Heather todos los recuerdos y experiencias compartidas que solían traerme sentimientos cálidos se transformaron de inmediato en objetos de amargura. Los pensamientos del día de la boda y de nuestra primera cita ya no eran recuerdos felices. Ya no me traía alegría pensar en nuestra noche de bodas ni en la manera en que le había dado mi corazón. Estaba solo, atrapado en mi interior dentro de una mente llena de recuerdos, y cada uno de ellos me cortaba hasta la médula. Por mucho que quería despertarme y huir, estaba atrapado con todos esos recuerdos.

Me di cuenta rápidamente de que los recuerdos son como bombas de tiempo: si no reconocía su presencia y las desarmaba, estallarían dentro de mí creando una cantidad increíble de ira. Si dejaba que la ira saliera de una forma que no era sana, ésta lastimaría a los que yo más amaba, mis hijos.

Entonces empecé a cambiar la manera en que veía mi dolor. Entendí que debía comenzar por perdonar a Heather. Los recuerdos que antes solían derribarme ahora eran bienvenidos. Medité en ellos cuidadosamente e hice duelo por cada uno de esos recuerdos hasta que fue desapareciendo la amargura. Así es la práctica de la mayordomía de Dios. Así debe ser. Usted tiene que revivir cada pensamiento doloroso mirando a cada uno como una oportunidad que le fue dada por Dios para sanar su corazón. Una vez que yo superé el temor a los recuerdos dolorosos comencé a hacer frente a cada uno sintiendo una emoción particular. Entonces comprendí que cada recuerdo procesado así era un paso hacia la libertad.

UNA VEZ QUE SUPERÉ EL TEMOR A TENER DOLOR Y
COMENCÉ A HACER FRENTE A CADA RECUERDO, SENTÍ
UNA EMOCIÓN, YA QUE CADA RECUERDO PROCESADO
ERA UN PASO HACIA LA LIBERTAD.

Ahora puedo recordar la primera vez que pensé en mi día de bodas después de que Heather se había ido. Yo estaba en la iglesia, en medio de la adoración, durante la sesión de la Escuela Ministerial. Estaba disfrutando realmente de la presencia de Dios cuando, casi sin previo aviso quedé completamente atrapado en el recuerdo de mi boda. Allí estaba Heather montando un caballo marrón conducido por su hermano. Mi corazón latía con fuerza dentro de mi pecho mientras ella caminaba lentamente hacia mí con la banda sonora de la película *Corazón Valiente*. Ella arribó pronto al altar y yo estaba allí listo para tomar su mano.

El pastor habló unas palabras y tomamos la comunión. En un instante estábamos de regreso en el altar intercambiando los votos. Allí estaba yo entregándole otra vez mi corazón que necesitaba recuperar desesperadamente de nuevo. Mis lágrimas comenzaron a rodar a medida que yo escuchaba sus palabras y ese recuerdo vivo continuó proyectándose. Mientras tanto, la adoración en la Escuela Ministerial martillaba en mis oídos y también el pensamiento de que ella jamás volvería.

No pasó mucho tiempo antes de que yo pudiera contener las lágrimas y se convirtieran en lamentos. Rápidamente me di cuenta de que la adoración iba a terminar en un minuto y me iba a quedar en el estrado entre un charco de lágrimas. Al dejar la adoración me dirigí por las escaleras a mi oficina, pensando para mis adentros: *No quiero perder este recuerdo, quiero tratarlo como algo propio.* Cuando por fin llegué a mi oficina puse rápidamente una música triste y me acomodé nuevamente en mi recuerdo.

Me senté allí aquel día en mi oficina permitiendo que los recuerdos de mi día de bodas se proyectaran en mi mente mientras lloraba para aceptar la realidad de que todo se había acabado. Puedo recordar a Heather imaginándomela caminar por el pasillo una y otra vez, mientras yo le oraba a Dios para que me revelara lo que debía hacer con esos recuerdos. No hice más. Sólo le entregué a Dios esos lindos recuerdos. Los detalles de nuestra boda y la realidad de que todo se había acabado no tenían ahora el mismo sabor de amargura como cuando Heather se fue. Dios empezó a responder las preguntas que me trajeron esos recuerdos, preguntas como "¿Qué le va a pasar a mis hijos?" y "¿Volveré a amar de nuevo?". Los recuerdos venían uno por uno, cada uno con un aguijón diferente. Yo lloraba con cada recuerdo hasta que el aguijón perdía fuerza y Dios iba respondiendo mis preguntas.

El dolor no tiene que quedarse para siempre

A lo largo del proceso de sanar mi dolor por medio del perdón entendí que no tendría manera de ser libre sin la capacidad de conectarme con mis sentimientos y dejar salir la amargura que estaba envenenando mi corazón. Necesitaba perdonar a Heather y perdonarme yo mismo. La mayoría de los cristianos han sido programados para aceptar el sufrimiento sin necesidad de llorar las pérdidas. ¿Por qué es necesario llorar?

Me encontré recientemente con una mujer en una cita de consejería que dijo que nunca llora y que tiene dificultad para expresar a los demás sus necesidades sentimentales. Lo sorprendente de ella es que es la *Mujer Maravilla* en la iglesia porque atiende las necesidades de todos los demás y los hace sentir amados y aceptados. Pero cuando se trata de ella misma prefiere callar en lugar de expresar lo que está sintiendo en ese momento.

Megan, (así se llama la *Mujer Maravilla*), sentada en mi oficina aquel día, comenzó a contarme su historia. Su padre había muerto cuando ella era muy joven, dejándola con una increíble carga de dolor a temprana edad. Recibió una llamada telefónica a los 18 años de edad, en la cual le informaban que su madre había fallecido en un accidente automovilístico. Estaba asustada y sola. ¡Fue algo desastroso! En un momento había pasado de hacer planes para pasar un rato con su madre a quedar sola en este mundo.

Poco después de la muerte de su madre, sus amigos y familiares se reunieron para asistir al funeral. Se dijeron palabras amables y cantaron bellas canciones, y pronto todo el duelo parecía haber terminado. Pero después del funeral, los amigos de Megan se reunieron con ella y la llevaron a la sala de su casa para tener un tiempo de alabanza y adoración. Ellos sentían que ella tenía que comenzar un capítulo nuevo en su vida y salir por medio de la adoración de este terrible momento. Yo estaba muy interesado en esta historia.

Cuanto más escuchaba a Megan ese día, más me daba cuenta de que ella nunca se había permitido hacer el duelo completo por la pérdida de sus padres. Y como ella jamás hizo duelo, nunca se libró del dolor. Los amigos de Megan tuvieron buenas intenciones al querer que ella se librara del dolor y pudiera alabar a Dios con libertad, a pesar de sus sentimientos. Pero de lo que no se dieron cuenta fue que al no permitirle llorar su pérdida y tratar con su dolor, ella estaba atrapada en este.

Megan nunca se había permitido tener acceso a lo profundo de su corazón porque creyó que el dolor jamás se iría. Por lo tanto, no tenía sentido ir allá. Estaba atrapada en la fachada de negar su sentimiento de tristeza pero deseaba que la vieran actuar feliz. En realidad, su corazón daba gritos para que alguien reconociera su dolor.

El intento de estar tranquila en este caso es tan disfuncional como permitirnos sólo sentir dolor. Tal como aprendimos en el capítulo anterior, Dios creó cada emoción, y cada emoción tiene un propósito específico. ¿Qué sabemos acerca de nuestras emociones?

Megan y yo pasamos una gran parte de nuestro tiempo en esa cita de consejería frente a la realidad de que su madre y su padre jamás regresarían. Hice que ella escribiera cartas a su madre sobre cómo se sintió el día que ella murió y anotara cómo se sintió al recibir esa llamada telefónica. Megan comenzó a aprender que ella no estaba sola en su dolor. Dios tenía buenas respuestas sobre su dolor y lo que ella necesitaba. Con el tiempo, al procesar la realidad de la muerte y al conectarse con su corazón adolorido, ella pudo liberar sus lágrimas y enfrentar la realidad que tanto temía. Hasta el día de hoy, Megan se mantiene libre del dolor de no conocerse a sí misma y de la sensación de estar sola en este mundo.

PERMITIRNOS SOLO ESTAR FELICES ES TAN DISFUNCIONAL COMO SOLO PERMITIRNOS SENTIR DOLOR. DIOS CREÓ CADA EMOCIÓN, Y CADA UNA TIENE UN PROPÓSITO ESPECÍFICO.

Depurar el dolor

Con la aceptación de la realidad viene a menudo la avalancha de emociones que ha sido reprimida en nuestro interior. Como dije antes, el cristiano promedio va a querer silenciar lo que realmente siente porque de alguna manera le parece pecado tener cualquier otro pensamiento.

Cuando comencé a procesar el hecho de que Heather me había dejado por otro hombre empecé a tener una gran variedad de emociones, desde ira y odio hasta tristeza y dolor. A menudo estas emociones se manifestarían de diferentes maneras. Lo que me permití hacer fue ser brutalmente honesto con lo que realmente sentía por la infidelidad de mi esposa Heather.

Si usted recuerda el capítulo 4, "Se hizo justicia", usted sabe que mi corazón se inclinaba por el bienestar y la plenitud de ella. Pero en mi caso, yo no podía echar fuera ni ocultar el hecho de que me sentía terriblemente ofendido y defraudado. Pasé varios meses escribiendo canciones tristes y cartas sorprendentemente honestas sobre lo que había pasado y cómo me sentía, cartas que nunca le envié a ella. Durante varias semanas me despertaba cada noche hacia las tres de la mañana con poesías en mi mente. Yo me levantaba a escribirlas. Me di permiso de dar alaridos, gritar y escribir páginas enteras sobre lo que ella había hecho y lo equivocada que estaba, siempre y cuando esto no fuera a herir a mis hijos. (Por supuesto, tenía que asegurarme de que los niños no me escucharan pues creerían que estaba loco).

En esta forma tuve la oportunidad de depurar las emociones que estaba sintiendo sin causarle daño a nadie más a mi alrededor, y fui honesto conmigo mismo sobre lo que estaba pasando en mi interior, en la intimidad de mi propia alma. Comprendí una y otra vez que las personas que atraviesan por una enorme cantidad de dolor y que nunca se permiten procesarlo terminan generalmente explotando en el momento equivocado.

TUVE LA OPORTUNIDAD DE PURGAR LAS EMOCIONES
QUE ESTABA SINTIENDO, SIN CAUSARLE DAÑO A NADIE
MÁS A MI ALREDEDOR, AL SER HONESTO CONMIGO
MISMO SOBRE LO QUE ESTABA PASANDO EN MI
INTERIOR.

Las emociones que expresé a través de las canciones y poemas no eran un simple comentario de cómo quería sentirme acerca de Heather ni dónde estaba pensando quedarme para siempre. Mas bien, fueron fotografías instantáneas de lo que estaba sintiendo en ese momento. No sentí que tuviera una bomba de ira en mi interior para explotarla cuando la encontrara en persona, porque pasé mucho tiempo siendo honesto conmigo mismo en el momento preciso, procesando mi dolor en voz alta.

Los verdaderos hombres y mujeres lloran

Vivimos en un mundo donde nuestros héroes están hechos de acero reforzado. Son inmunes a las leyes naturales y capaces de enfrentarse a las hordas del infierno con sólo un haz de luz ultravioleta y salir completamente ilesos. Estos héroes se enorgullecen ante nuestra vista y se graban en nuestra mente como si estuvieran en la cima de la sociedad. Muchas mujeres los adoran y les enseñan a nuestros jóvenes a admirar su frialdad como insignia de honor, con ganas de ser de alguna manera como ellos. Estos hombres no sienten dolor, no temen mal alguno y son capaces de abandonar a una mujer como si fuera un trapo viejo. ¡Qué triste realidad!

Además, muchos padres han hecho un mal trabajo reforzando este sistema de creencias de que no es normal ser vulnerable y que no está bien mostrar las emociones. Les enseñan a sus hijos que no deben llorar. De esta manera, la capacidad del niño para ser honesto con sus sentimientos es increíblemente obstaculizada en muchos hogares. Además, algunos papás engañan a sus hijos porque esto no es lo que sus padres creen sinceramente. Las emociones se ocultan en la mayoría de las familias como pecados no confesados. Prefieren ocultar sus sentimientos en lugar de exteriorizarlos y pedir perdón. Esta visión poco realista de vida ha contribuido en gran medida a la pérdida de la sensibilidad y a sentir vergüenza de nuestras emociones.

Un niño les enseñará la verdad

Dios le enseñó al hombre cómo tratar con el dolor en su propio corazón, mucho antes de que la televisión le enseñara a usted que los héroes no sienten dolor y mucho antes que le enseñaran que los miembros de una familia sofisticada deben ocultar sus sentimientos. Este es un error frecuente en muchas familias. Si alguna vez ha visto jugar juntos a niños pequeños, usted sabe que es sólo cuestión de tiempo antes de que se den golpes y comience el llanto. En mi casa pude ver claramente cómo uno hacía llorar al otro. Pero yo puedo entender lo que ocurre según el tono del llanto y la manera como los otros niños reaccionan. Lo interesante sobre estas "ofensas" no es lo que ocurre durante el conflicto sino lo que ocurre después.

Mi hijo menor, que puede llorar para que todo el barrio lo escuche, vuelve a jugar felizmente con los otros niños en sólo cuestión de minutos. ¿Cómo sucede esto? ¿Tan pronto pudo perdonar al que lo ofendió? ¿Cómo puede seguir jugando tan feliz? Si se tratara de un grupo de adultos, la persona ofendida necesitaría días o semanas para recuperarse de la ofensa. Sin embargo, *los niños tienen una capacidad inherente de tratar con el dolor porque tienen el sistema correcto de creencias.* Por eso pueden perdonar tan fácilmente. Nadie les ha enseñado todavía que no está bien mostrar las emociones, así que sin ni siquiera pensarlo comienzan a llorar a gritos. Su llanto les depura las emociones de dolor que sienten en ese momento. Es algo instantáneo. Y una vez que termina el llanto se resuelve la emoción y continúan la vida felices como debe ser.

Alguien dijo una vez: "Si usted no llora queda atrapado en el dolor", y ¡tenían la razón! Lo que le han enseñado a usted a través de los medios de comunicación y de los consejos de nuestros padres sobre el llanto y sobre la necesidad de esconder nuestras emociones tiene que cambiar. El hombre de "acero reforzado" está todo oxidado su interior. Y el padre insensible, como el *Llanero Solitario,* monta su caballo hacia el atardecer y retorna al hogar en busca de su corazón. Dios creó en nosotros la capacidad de llorar porque sabía que necesitábamos una manera de depurar nuestro dolor. Si no nos permitimos el derecho de sacar lo que hay en nuestro interior, el dolor se quedará reprimido en nuestra alma y endurecerá nuestro corazón. Si nos quedamos heridos durante mucho tiempo, con el paso de los años seremos vencidos por las mentiras amargas y los desengaños que sufrimos de los demás.

> SI NO NOS PERMITIMOS EL DERECHO DE SACAR LO QUE HAY EN EL INTERIOR, ESTO SE QUEDA REPRIMIDO EN NUESTRA ALMA Y ENDURECE NUESTRO CORAZÓN.

La exposición de un sistema de creencias nocivo

Las mentiras cobran forma en un mundo donde las personas son castigadas por mostrar las emociones o donde no hay alivio para el dolor. ¿Es usted insensible? ¿Camina alrededor de sus problemas deseando poder sentir más, pero no puede? ¿Las palabras "te amo" dichas en voz alta envían un ardor incómodo por su cuerpo? O, ¿el pensamiento de compartir sus necesidades con otros parece inútil o poco convincente? Todos estos son signos de que usted vive bajo un sistema de creencias de mentiras.

Juan, el apóstol del amor, escribió: "En el amor no hay temor, sino que el perfecto amor echa fuera el temor, porque el temor involucra castigo, y el que teme no es hecho perfecto en el amor". 1 Juan 4:18 *LBLA*. Si usted pudiera arrancar el miedo de su sistema de creencias encontraría rápidamente que ha sido una marioneta en una cuerda con la cual el maestro del temor ha bailado en esta vida. Todos sus pensamientos, palabras y acciones han sido contaminados por el temor al castigo o por una mentira sin fundamento.

Permítame explicarle. Megan, la mujer al principio del capítulo cuyos padres habían muerto, no se permitió llorar ni tener necesidades sentimentales. Cuando ella me contó esto hice que cerrara los ojos y le pedí que me contara lo primero que le vino a la mente.

Megan me miró y dijo: "Creo que si comienzo a llorar, no voy a parar".

Yo le dije que llorara todo lo que quisiera.

Entonces le pregunté a Megan qué creía sobre el dolor. Ella respondió rápidamente: "No existe una cura para el dolor". Antes de nuestra conversación Megan nunca había pensando conscientemente en el hecho de que ella creía que llorar nunca termina y que no hay cura para el dolor. Megan vivía una vida atada al temor y controlada por el amo de las mentiras. ¡Ella seguiría encarcelada, al no desarraigar las mentiras!

A lo largo de los años me he dado cuenta de que los cristianos esperamos tanto que conseguimos disuadirnos de lo que realmente creemos. Pero cuando Megan me contó lo primero que le vino a la mente y cuando cerró los ojos, supe qué era lo que realmente creía que era cierto en su subconsciente. Algo que tenemos que entender es que *no nos limitamos a vivir según nuestro estado mental consciente*. Por el contrario, las decisiones que tomamos y la manera en que nos comportamos son principalmente las manifestaciones de nuestro proceso mental subconsciente.

LAS DECISIONES QUE TOMAMOS Y LA MANERA EN QUE NOS COMPORTAMOS SON PRINCIPALMENTE LAS MANIFESTACIONES DE NUESTRO PROCESO MENTAL SUBCONSCIENTE.

Recuerdo haber sentido tan terriblemente la ansiedad un día que no pude hacer que esta se fuera. Fue como una pesadilla de la cual me había despertado y no me podía quitar. Finalmente me cansé de sentirme así y me retiré a mi cama para una siesta del medio día, con la esperanza de obtener algún alivio de la tensión. Mientras estaba acostado comencé a preguntarle al Espíritu Santo por qué sentía esta terrible ansiedad. Lo que me dijo fue impactante.

Dijo: "utilizas la ansiedad como una herramienta para consolar tu corazón herido. Te aliaste con ella para que te ayudara".

Por otra parte, no estoy si usted alimenta su ansiedad, pero no hay manera en este mundo de que yo quiera que la ansiedad sea compañera mía. ¡Eso sería como poner mi cama en un nido de cocodrilos! Así que le dije al Espíritu Santo: "¿Cómo hice yo para que la ansiedad fuera mi aliada?".

Él me dijo suavemente: "Tú esperas hasta el último minuto para hacer las cosas, y esperas hasta que sientes ansiedad. Una vez que sientes *mucha* ansiedad estás motivado a realizar las tareas que has negado". A partir de aquel momento las bombillas comenzaron a apagarse en mi mente en cuanto el Espíritu Santo me reveló la asociación que yo había establecido con la ansiedad.

Muchas personas han hecho lo mismo con el temor. Crean alianzas con el temor para protegerse del rechazo. El temor les ha dicho cosas como: "Si trata de ser usted mismo, seguramente será rechazado". O, "la única manera en que podrá aguantar este problema es medicándose usted mismo con la pornografía o el licor". O incluso con engaños como: "Nadie más sabe cómo me siento, nadie me entiende realmente". Y otras mentiras como las que creyó Megan encarcelan el alma y lo convierten en una marioneta impotente ante el miedo.

El descubrimiento de la mentira

¡El amor perfecto echa fuera el temor! La cosa más poderosa que usted puede hacer cuando esté atado al temor es permitir que el amor perfecto de Dios venga a su alma y sea su amo. Su amor expulsa literalmente las mentiras que lo han atado y encerrado. Pero primero usted tiene que descubrir cómo se ha aliado con el temor.

Le pedí al Espíritu Santo que le revelara la verdad a Megan cuando ella me dijo que si empezaba a llorar nunca pararía. El Espíritu Santo comenzó a revelarle que llegaría a tener paz si se permitía llorar y sentir sus emociones. Entonces le pedimos al Espíritu Santo que le mostrara la verdad sobre el dolor. Él le mostró que el dolor no era algo incurable, sino que en realidad era algo fácil de manejar con la ayuda del Espíritu Santo.

Tuve que hacer lo mismo que el Espíritu Santo le enseñó a Megan cuando supe que me había aliado con la ansiedad. Tuve que romper el pacto que había hecho con el temor. Este es un proceso sencillo de renunciar a la mentira que usted cree que es verdad y de tomar en su lugar la verdad de Dios.

Tomar medidas

La parte más importante de todo esto es que usted debe darse cuenta de que *mientras no pueda renunciar a las mentiras, no habrá hecho realmente nada si no cambia su modo de actuar.* Por ejemplo, cuando terminé la cita de consejería con Megan la envié a su casa para que sacara a flote su dolor y aprendiera a llorar. Al hacerlo, rompió las cadenas del temor que la habían atado por tanto tiempo.

En mi caso, cuando comprendí que la ansiedad se había vuelto mi aliada, tuve que tomar una decisión: *¿Aprenderé a manejar las cosas a tiempo o voy a seguir posponiéndolas de la manera que siempre lo he hecho?* No podía romper la alianza y seguir con las mismas acciones de antes. Mi comportamiento tenía que reflejar mi nuevo sistema de creencias.

Si usted se ve a sí mismo en este triste capítulo, es la lengua mentirosa de la acusación la que lo ha mantenido encerrado en el temor y el dolor. Usted necesita comenzar a hacerse estas mismas preguntas y romper las alianzas que haya hecho para llegar a ser verdaderamente libre.

Sı USTED SE RECONOCE A SÍ MISMO EN ESTE CAPÍTULO, ES LA LENGUA MENTIROSA DE LA ACUSACIÓN LA QUE LO HA MANTENIDO ENCERRADO EN EL TEMOR Y EL DOLOR.

Si usted nunca ha sido capaz de mostrar sus emociones, pregúntese si ocurrirá lo que usted cree cuando muestre sus emociones. Si siempre ha estado enojado, pregúntese si ocurrirá lo que cree cuando reprima su ira. Si nunca ha sido capaz de decir te amo, pregúntese si ocurrirá lo que cree cuando le diga a las personas a su alrededor que las ama. Es muy probable que usted comience a descubrir la verdad de por qué es así.

Una vez que haya hecho este cambio de vida y haya descubierto la mentira, es hora de preguntarle al Espíritu Santo cuál es la verdad sobre las mentiras que cree. Una vez que haya renunciado a las mentiras y haya aceptado la verdad, es hora de cambiar todo su modo de pensar y sus patrones diarios de comportamiento.

La práctica crea valor

La expectativa más común que he encontrado en la consejería es que las personas quieren resultados rápidos "en forma de una pastilla". Llegan a la consejería con asuntos importantes de la vida y esperan que yo les entregue dos pastillas mágicas que, si se toman tres veces al día, harán que todos los problemas desaparezcan. Obviamente, esto no está ni siquiera cerca de cómo funciona su problema. La verdad es que, lo que le causa miedo a una persona es lo que probablemente va a tener que cambiar. ¡La buena noticia es que con la oración y la práctica se llega a tener valor!

La clave para sentirse completamente bien en un área en particular es fortalecerse con la ayuda del Espíritu Santo en esa área. Por ejemplo, si usted ha pasado retraído su vida entera porque tiene miedo de ser rechazado y herido, entonces le sugiero que ore y lea un libro sobre cómo establecer los límites apropiados y que reciba alguna enseñanza sobre la forma de comunicar sus sentimientos. De esta manera usted estará en camino de convertirse en una persona poderosa en esa área. Si ha tenido miedo de llorar y de procesar las emociones, entonces le recomiendo que ore, lleve un diario y se permita a sí mismo sentarse con Dios y procesar su dolor. Haga esto con frecuencia. Permítale al Espíritu Santo que responda las preguntas que le han traído tanto dolor. Incluso, le recomiendo escribir cartas que nunca enviará y poemas que sólo leerá usted para que le ayuden a procesar su dolor.

Límites para la salud

Una de las preguntas más comunes que me hacen en la consejería es: "¿Con qué frecuencia debo procesar mi dolor?". Con

En el consuelo de su propio dolor 125

el tiempo, la persona misma va a tener que tratar con cada pensamiento y recuerdo doloroso porque cualquier cosa que tenga miedo de contemplar lo va a mantener atado. Sin embargo, procesar el dolor se parece mucho a levantar pesas. Si usted levanta pesas todos los días, *durante todo el día,* en lugar de ser cada vez más fuerte quebrantará su cuerpo hasta el punto en que no podrá resistir. Si usted procesa su dolor durante todo el día, todos los días, y nunca toma un descanso emocional, estará de camino a un quebrantamiento emocional. Se cansará y debilitará tanto que se afianzará la depresión.

PROCESAR EL DOLOR SE PARECE MUCHO A LEVANTAR PESAS. SI USTED LEVANTA PESAS TODOS LOS DÍAS, DURANTE TODO EL DÍA, EN LUGAR DE SER CADA VEZ MÁS FUERTE, EN REALIDAD QUEBRANTARÁ SU CUERPO HASTA EL PUNTO EN QUE NO PUEDA FUNCIONAR.

Cada vez que usted se encuentre deprimido, lo más probable es que esté creyendo una mentira. Hablamos anteriormente en este capítulo de *protegerse contra las mentiras.* ¿Recuerda que en el capítulo 5 hablamos sobre el fruto de los tiempos difíciles? Cada vez que usted comience a sentirse desesperanzado es necesario volver a leer ese capítulo. Luego haga que sus amigos le recuerden sobre su verdadero destino y de *lo que Dios dice acerca de usted.* También es importante que cuando trate con los tiempos de estrés, usted coma bien, duerma bien, haga ejercicio y se divierta. Me he dado cuenta de que la mayoría de las personas que tienen crisis no toman estos pasos simples.

Quiero ser claro cuando hablo de procesar *todo pensamiento.* Me refiero específicamente a los acontecimientos que todavía le generan dolor, no de algo que ha sido sanado hace mucho tiempo y que ya es libre del dolor. Es importante aclarar si ese dolor nunca tuvo la intención de ser su estilo de vida—algo con lo cual usted viviría para siempre—. Por el contrario, el dolor le ayudará a definir el problema para que pueda ser exterminado de su vida. Pero tenga mucho cuidado: poner demasiado énfasis en el dolor puede crear un *complejo de mártir* y volverse un estilo de vida, en lugar de ser una herramienta que señala el quebrantamiento de forma que pueda ser sanado.

Antes de pasar al siguiente capítulo tome el tiempo para tratar con cualquier dolor que sienta en su corazón. Tiene que recordarse a sí mismo que cada pensamiento doloroso puede ser *un regalo* de Dios que lo puede conducir a la integridad. Usted va de camino a la salud emocional *a través del proceso de hacer duelo de su dolor* y de reemplazar las mentiras que lo mantuvieron atado por tanto tiempo. En el siguiente capítulo podrá ver cómo el perdón hace alianza con la verdad para sanar nuestro corazón y liberar nuestra alma.

CAPÍTULO

8

El poder sobrenatural del perdón

Se puede decir que Jody Bell era una reina de belleza. Era joven, con un lindo pelo liso castaño, facciones preciosas e increíble belleza física. Tan hermosa, en realidad, que esto se convirtió en un perjuicio para ella. Al tener un padre ausente y sólo una madre afligida a quien recurrir, Jody se convirtió en una "artista" para usar sus atributos físicos y atraer a los hombres llenando sus necesidades.

A medida que aumentó dramáticamente su necesidad de sentirse amada llegaron una tras otra las transgresiones. Jody se volvió vanidosa, y con cada transgresión de su conciencia llegó la avalancha de creencias falsas. No tomó mucho tiempo para que su estilo de vida fiestero agotara la belleza de su inocencia. Ya no se sentía una mujer especial. Se sentía como si fuera un regalo que había que volver a empacar constantemente. Comenzó a verse a sí misma a través de palabras como "mujerzuela" y "ramera". Se había pintado su rostro de rojo, pues ahora sus únicos amigos verdaderos eran el remordimiento y el odio, los cuales la acompañaban en cada momento del día.

El dolor de perderse a sí misma era insoportable. Odiaba la vida, e incluso más que eso, se odiaba a sí misma. Empezó a cortarse los brazos a la edad de los 17 años para expresar el sufrimiento que sentía por dentro. Estas cortadas se convirtieron en un estilo de vida, la única vía de escape para una niña que ahora odiaba incluso su propia piel. Sus propias acusaciones sirvieron para señalar el hecho de que ella había sido usada y que ya no valía nada. Después de todo, ¿quién podía amar a alguien que había tallado cicatrices profundas en sus propios brazos?

La historia de Jody es muy frecuente. Aunque los detalles puedan ser diferentes, la verdad sigue siendo la misma: *La persona más difícil de amar y perdonar es con más frecuencia uno mismo.* Tal vez usted se ve a sí mismo en esta historia o en algunas partes de esta historia. Sus malas decisiones le trajeron sufrimiento a usted y a sus seres queridos. Y como fue usted el que tomó las decisiones, usted es el único para culpar. El remordimiento es como una herida mortal que lo mantiene atrapado en el pasado y que desangra lentamente su vida. Hasta que la herida no haya sanado por completo, su futuro va a estar contaminado de remordimiento y de odio a sí mismo.

EL REMORDIMIENTO ES COMO UNA HERIDA MORTAL
QUE LO MANTIENE ATRAPADO EN EL PASADO,
QUE DESANGRA LENTAMENTE SU VIDA.
HASTA QUE LA HERIDA NO HAYA SANADO POR
COMPLETO, SU FUTURO VA A ESTAR CONTAMINADO
DE REMORDIMIENTO Y DE ODIO A SÍ MISMO.

La culpa y la vergüenza

Hay otras dos emociones que hacen compañía estrecha: la culpa y la vergüenza. Ayudo a supervisar un grupo de pureza sexual para hombres adictos al sexo ilegal. Estos hombres vienen de todas las profesiones y condiciones sociales. Algunos son ricos, algunos son pobres, algunos han tenido buenos padres y algunos han vivido vidas terribles. Pero la mayoría de los hombres que se sientan en esa sala son realmente mis héroes. Son los que han reconocido que su problema es mucho más grande de lo que puedan suponer.

Pasé mucho tiempo enseñándoles a cómo romper el ciclo de la destrucción en su vida en transcurso de nueve meses. Pero hubo una noche en particular en que ellos sintieron "vergüenza." Estaba explicándoles sobre el poder que ejerce la vergüenza sobre nosotros. Luego hice que cada hombre cerrara los ojos y les pregunté: "¿Cuántos de ustedes tienen ahora mismo problemas con la vergüenza?". Había aquella noche quizás entre 45 y 50 hombres en la sala, y todo hombre, salvo tres, alzaron la mano. Entonces les dije que le preguntaran al Espíritu Santo por qué habían mantenido la vergüenza escondida en su vida. Después de unos minutos de silencio comencé a preguntarle a cada uno qué le había insinuando el Espíritu Santo.

El primer hombre que habló se había librado de las ataduras de la pornografía hacía varios meses, quizás incluso tanto como un año. Pero perdió a su familia debido a su adicción. Le pregunté qué le había mostrado el Espíritu Santo. Si él era libre de la pornografía, ¿por qué tenía todavía vergüenza en su vida?

Se quedó quieto por un segundo y pensó antes de responder con timidez: "El Espíritu Santo me mostró que he mantenido la vergüenza *para que la gente piense que estoy realmente arrepentido por lo que he hecho.* Si camino tranquilamente por la iglesia, (el lugar donde las personas estuvieron más afectadas) y yo parezco "tranquilo", entonces pensarían que ya no estoy arrepentido y no lamento lo que hice. Por eso prefiero mostrar vergüenza." Esta me pareció muy buena respuesta.

Entonces procedí a pedirle al Espíritu Santo que le mostrara a este hombre dónde había puesto su identidad. Al pensar por un instante me dijo: "¡Mi identidad está en el bolso de mi ex-esposa!". Inmediatamente le dije: "¡Eso es correcto! Si su esposa lo hubiera perdonado, usted se perdonaría a sí mismo **y aceptaría ser quien es**. ¡Pero como su esposa decidió vivir en amargura, usted cree que es *culpable de sentirse libre,* sabiendo lo que ha hecho!".

Uno por uno, cada hombre descubrió aquella noche que la vergüenza era una fachada, una "falsa protección" que habían utilizado para que el mundo los viera como ellos querían que los vieran: avergonzados. Una de las revelaciones más poderosas que un hombre tuvo aquella noche fue que él usaba la vergüenza para que ésta lo llevara al cielo. Comenzó diciendo: "Si yo me fuera a ir de viaje, lo primero que pondría en mi equipaje sería la vergüenza. No recuerdo ni un solo día que no hubiera estado sin ella".

Este hombre tenía unos cuarenta años, cuatro hijos y una esposa hermosa. Sus primeros recuerdos de la niñez están relacionados con él, sentado en el pasillo, esperando que su padre terminara su sesión porno para que pudiera jugar con él. Obviamente, los pecados de su padre le fueron transmitidos, y al igual que su padre había estado atado a la pornografía desde la adolescencia. Entonces le pegunté: "¿Qué quiere decir cuando afirma que la vergüenza lo lleva al cielo?". Con mucha claridad me explicó que el sentimiento de vergüenza le recordaba lo horrible que se sentía cuando miraba la pornografía. Entonces, si no sentía vergüenza, volvería de inmediato a la pornografía.

Cada uno de estos hombres aprendió más sobre el poder destructivo de la vergüenza aquella noche. Aún cuando muchos de ellos habían estado libres de la pornografía durante meses y se habían arrepentido y pedido perdón, todavía tenían vergüenza como si se tratara de un "resguardo" para ellos. En realidad, la vergüenza es un falso refugio que depara el mismo diablo y que ha sido concebido para mantener a una persona escondida en su pecado.

Si se le da la oportunidad, la vergüenza se enmascara a sí misma como su mejor amigo y lo convencerá de que sólo está allí para ayudarlo. Al mismo tiempo, la vergüenza le robará su libertad y le destruirá su identidad.

El pecado es la mano del diablo que desfigura la obra maestra de Dios—el alma humana—y la transforma en un cadáver descompuesto. Las mentiras y las acusaciones de Satanás vienen mezcladas con aparente verdad, de manera que "la pastilla" resulta fácil de tragar. Pero cada vez que tenga un pensamiento destructivo sobre usted, que no venga del corazón de Dios, usted va a estar pecando contra su propio cuerpo. Pablo dijo: "pues todos han pecado y están privados de la gloria de Dios" Romanos 3:23 ¡Fue por ello que Cristo murió y se entregó en la Cruz para que ya no viviéramos atados a las leyes del pecado sino que viviéramos libres en nuestra identidad dada por Dios como hijos e hijas del Rey!

Independientemente de lo que usted haya hecho, la misma libertad que se extendió a mí y me libró de la vergüenza, también lo hará libre a usted. Los grilletes de la culpa y la vergüenza serán removidos cuando usted acepte la gracia de Cristo y lo que Él hizo por usted en la Cruz. Cristo ya pagó por su pecado. ¡Siga adelante!

Para ser totalmente libre, aún cuando usted haya sido el que cometió el delito, primero debe perdonarse con el mismo perdón que usted le ofrecería a la otra persona. Es decir, debe amarse a sí mismo para ser de nuevo íntegro delante de Dios. Para llegar a ese punto tiene que llegar al entendimiento correcto del arrepentimiento. Si usted no se da cuenta de cuál es el problema real (hasta llegar a la raíz de su problema) estará atrapado constantemente, tratando de manejar el ciclo de la amargura. Y sin esclarecer las razones por las cuales usted no puede amar, o por las que ha permitido que la culpa y la vergüenza rijan su vida, usted puede desear ser diferente pero nada va a cambiar mientras continúe repitiendo el ciclo del pecado.

Hacia el arrepentimiento y a la raíz del problema

Cierto día aconsejé a otro hombre que luchaba con la pornografía. Me dijo que por lo general miraba la pornografía una vez al mes, más o menos. Después de escuchar su historia le pregunté simplemente: "¿Qué siente antes de mirar la pornografía?". El dijo: "Me siento solo y fuera de control".

Comencé a formularle más preguntas para averiguar de dónde venían la soledad y la sensación de estar *fuera de control*. Así que le pregunté: "¿Cómo fue su infancia? Cuénteme cómo eran sus padres". Me explicó que su padre lo había abandonado cuando era pequeño y aunque su padre todavía está vivo, no tienen una relación profunda. Su madre no sabía muy bien cómo manejar el divorcio, así que en sus mejores esfuerzos para hacerle frente se mudó de un lugar a otro, toda su vida. A medida que comenzó a exponer esto delante de mí se le volvió sorprendentemente claro el por qué se sentía solo y fuera de control.

Las personas más importantes en su vida (su mamá y su papá) estaban emocionalmente distantes. No estaban allí para ayudarle cuando más los necesitaba. Para empeorar las cosas, la incapacidad de su mamá para ser una buena madre creó en él una sensación de desesperanza. Al vivir entre mudanzas y no poder establecerse y echar raíces, este hombre se creó una sensación increíble de soledad e inestabilidad. De niño no tenía manera de satisfacer su necesidad de intimidad. Por lo tanto, la pornografía se convirtió en su escape para su soledad.

Antes de venir a mi oficina este individuo pensaba que tenía un problema con la pornografía; pero cuando se fue de mi oficina comprendió que la pornografía era apenas el síntoma de un problema mucho mayor: su inseguridad. Nunca había aprendido cómo satisfacer sus necesidades por medio de las relaciones familiares.

La vergüenza le dijo que si le pedía ayuda a alguien sería visto como un débil, y en últimas sería rechazado. Él sabía ahora que tenía que arrepentirse y cambiar la forma en que pensaba acerca de las relaciones y de la vida misma. Tenía que aprender cómo satisfacer sus necesidades de parte de Dios y de la comunidad que lo rodeaba para poderse librar de su ciclo de destrucción.

Encontramos la libertad completa en el perdón

El perdón es una de las verdades más malinterpretadas y mal empleadas en el Reino de Dios. He conocido literalmente a cientos de personas que han pasado años tratando de perdonar a otras personas. Aunque sus esfuerzos fueron genuinos y sus corazones tenían la razón, continuaron luchando con la amargura y la culpa durante años.

El perdón no quiere decir que usted se tenga que sentir "bueno" después de lo que le ocurrió, ni significa que se debe reconciliar inmediatamente con la parte agraviante. Tampoco significa que siempre tenga que confiar en la persona que lo agredió. Cada caso es diferente. La confianza y el perdón no son la misma cosa. Por ejemplo, si una mujer es violada en una calle, ella debe perdonar al violador porque de lo contrario el odio y la amargura la carcomerán de adentro hacia afuera. Pero ella no tiene que aceptar lo que le hizo ese hombre. La confianza se gana a través de la relación, y el perdón fue lo que pagó Cristo en la Cruz.

LA CONFIANZA Y EL PERDÓN NO SON LA MISMA COSA.
LA CONFIANZA SE GANA A TRAVÉS DE LA RELACIÓN,
Y EL PERDÓN LO PAGÓ CRISTO EN LA CRUZ.

Ofrecer perdón significa que usted *le da permiso a Dios para que haga justicia de su parte*, y que usted libera al ofensor de su juicio y de sus intentos de obtener justicia por medio del castigo (recuerde lo que hablamos de la *verdadera justicia* en el capítulo 4).

Descubrí al trabajar sobre el perdón con muchas personas, que si le preguntan al Espíritu Santo cómo ven al ofensor, Él les dirá que siente compasión por esa persona. Así es Dios. Perdonar es mucho más fácil cuando el ofendido siente compasión por el ofensor.

Jesús fue "desamparado" para que pudiéramos ser aceptados

Cuando el Señor Jesucristo murió en la Cruz no se tapó los oídos ni dijo: "La, la, la, no estoy pensando en que esto es un castigo". Imagínese por un instante lo mal que se debió sentir el Señor Jesús, quien había estado al lado del Padre desde la eternidad, cuando su Padre *lo desamparó durante la crucifixión*. Él dijo en aquel momento terrible: "Dios mío, Dios mío, ¿por qué me has desamparado?". Mateo 27:46

¡Por primera vez el Hijo de Dios *se sintió separado* del Padre! Jesús, habiendo tomado sobre sí mismo el pecado del mundo entero experimentó la angustia que trae el pecado porque el pecado nos separa del Padre. ¡El dolor del abandono fue peor que el dolor de la crucifixión!

La Biblia dice: "Allí le dieron a Jesús vino mezclado con hiel; pero después de probarlo se negó a beberlo" Mateo 27:34. Cristo rechazó la hiel y el vino porque no quiso sólo morir por nuestros pecados sino también que nuestro dolor muriera con Él. Por lo tanto, vivir con el dolor era una transgresión a la Cruz. Sólo aceptamos el dolor suficiente para llegar a descubrir su raíz y aplicar la cura. No debemos temer al dolor porque ya fue vencido en el Calvario.

> SÓLO ACEPTAMOS EL DOLOR LO SUFICIENTE PARA
> DESCUBRIR SU RAÍZ Y APLICAR LA CURA. NO TENEMOS
> QUE TEMER AL DOLOR, PORQUE FUE UN ENEMIGO QUE
> FUE VENCIDO EN EL CALVARIO.

Si usted nació de nuevo y todavía trata con algo del pasado que le causa dolor, remítase a los capítulos 6 y 7, y trate con ello de nuevo. La gran libertad viene cuando comprendemos todo lo que Cristo logró por nosotros. Debido a esta gracia redentora tenemos compasión por las personas que nos han ofendido. Ahora estamos listos para perdonar. Fue en este lugar donde encontré la mayor parte de la victoria en mi vida y en la vida de los que me rodean.

Nuestro proceso del perdón

Hay muchas personas que no han aprovechado al máximo la obra culminada de Jesús en la Cruz. En consecuencia, siguen sufriendo en lugar de experimentar el poder completo de la redención de Cristo. Se me recalcó este punto la otra noche cuando ministraba a una joven en el momento de oración en nuestra iglesia.

Sin yo saberlo, un joven se había aprovechado de ella cuando era niña. Me di cuenta de que ella no se amaba a sí misma en el momento que comencé a orar por ella. Entonces le susurré en voz baja: "Repita conmigo... *¡me amo a mí misma!*". Mis palabras hicieron que ella temblara a medida que comenzó a brotar el dolor desde muy adentro de ella. Ella había estado cargando este tormento durante años, pero lo había reprimido con las mentiras que la ataban.

Con dificultad repitió a regañadientes: "Yo... yo... me...me amo... a mí misma".

Luego dije: "Ahora diga, me perdono a mí misma".

Con el mentón tembloroso repitió conmigo: *"Me perdono a mí misma"*.

Y luego dije que repitiera: "¡Soy totalmente amada!".

Respiró hondo una vez más, tratando de controlar las emociones que comenzaban a apoderarse de ella y dijo: *"Soy totalmente amada"*. Procedí a ayudarla para que reconociera su dolor. Ella estaba luchando para evitar el dolor que estaba profundamente enterrado en su interior.

Hice que repitiera conmigo estas palabras: *"Renuncio a la mentira de que no está bien sentir el dolor. Renuncio a la mentira de que llorar es una debilidad. Renuncio a la mentira de de que está mal pensar en lo que me ocurrió"*. A medida que llegamos a esta última palabra me di cuenta de que el dolor la estaba sobrecogiendo completamente. Todo su cuerpo temblaba y ella comenzaba a decir que no podía pensar en ello.

Entonces le dije una vez más con firmeza: "¡Quiero que le diga a aquel hombre cómo la hizo sentir cuando la violó!". Ella permaneció callada. Me di cuenta de que ella estaba comenzando a confrontar su dolor porque estaba enojada y más alterada cada vez que intentaba hablar. De repente se echó a gritar diciendo: *"¡Lo odio, lo odio por lo que me hizo! ¡Lo odio por robar mi inocencia y por utilizar la presión social para engañarme!"*.

Continuó repitiendo esas palabras por un rato. Luego le dije: "Quiero que le pregunte al Espíritu Santo cómo ve Él al violador".

Se detuvo unos momentos para escuchar al Espíritu Santo y luego dijo: "¡Él siente compasión por él, así como me ama a mí!".

Entonces la mujer comenzó a entender, en este momento, que aunque sentía odio y dolor hacia ese joven, Dios lo amaba así como Él la amaba a ella. Después de conectarse con el dolor de lo que él le hizo y de *verbalizar* (diciendo con sus palabras) lo destructivas que fueron las acciones de él hacia ella, comenzó de repente a sentir compasión por él y quedó casi lista para el paso siguiente.

Comencé a guiarla hacia *el perdón* al hacer que repitiera conmigo: *"Lo perdono por violarme. Lo perdono por robar mi inocencia. Lo perdono por tomar lo que no era suyo y por ser egoísta".*

Pasé un rato guiándola por el horror del pecado y luego hice una oración de bendición por los dos. Ella se fue aquella noche completamente reanimada, sin sentir el peso de sus emociones por su pasado. ¡Fue libre por primera vez en varios años!

Las claves de la libertad para el perdón

Permítame reiterar las claves esenciales para la libertad, en caso de que usted necesite ayudarse a sí mismo o a alguien más para ser libres de la atadura del dolor:

- Conéctese directamente con el trauma en lugar de huir de él.

- Verbalice (en privado o con un consejero de confianza) lo que hizo el agresor para que usted se sintiera tan mal.

- Pregúntele al Espíritu Santo cómo ve Él al agresor y experimente su compasión por esa persona. Luego haga una oración de perdón por el agresor.

Estos son los componentes fundamentales para experimentar el corazón paternal de Dios en medio de una situación dolorosa.

La falta de perdón es un verdugo implacable que vigila el calabozo de las ofensas pasadas. El perdón es una decisión que usted hace delante de Dios. No es simplemente una opción para el que quiera vivir una vida llena de gozo. Es importante recordar que el perdón es un acto de la voluntad, no es un acto de las emociones. Por lo tanto, usted no puede medir la profundidad de su perdón con sus sentimientos. El Señor Jesús nos dio el poder de perdonar a todos los que nos han ofendido cuando nos perdonó todos nuestros pecados. (…Perdónanos nuestras ofensas así como nosotros perdonamos a los que nos ofenden…) Sabemos bien cuándo hemos perdonado a alguien porque ya no queremos que el que nos ofendió sea castigado.

El perdón es a veces como una semilla que se siembra en el buen terreno de un corazón arrepentido. El dolor en su alma empieza a disiparse cuando usted riega la semilla del perdón, recordándose una y otra vez que usted ya decidió librar del castigo a la persona que lo ofendió. Sus heridas dejan de enconarse y su corazón se sana tan pronto como usted tome las decisiones correctas. Aunque este proceso puede tomar tiempo, usted puede estar seguro de que se sanará completamente.

El verdadero amor

Me metí en la cama, agotado por el trabajo de un día exigente y caí rápidamente en un profundo sueño y empecé a soñar. En lo que parecía ser sólo unos minutos, me encontré atrapado en mi habitación hecha de cristal. No pasó mucho tiempo antes de darme cuenta de que ese lugar era como ningún otro en el que hubiera estado antes. Hecho presa del pánico busqué una salida pero no había ninguna.

Aumentó mi ansiedad a medida que comencé a golpear a puños las paredes de cristal, tratando de destrozarlas para abrirme paso. Luego mi terror se convirtió en asombro al ver que las paredes eran sólidas, pero fluidas y vivas. Al empujarlas empecé a sentir una fuerte corriente de emoción que fluía por las paredes como lo que uno siente cuando está parado en un río. En cuanto me apoyé en la pared, el peso del amor por el mundo entero se vino tan pesadamente sobre mí que caí de rodillas.

Fue en este momento cuando me di cuenta de que estaba atrapado en la eternidad, dominado allí por una fuerza desconocida. Abrumado por ese intenso amor por el mundo comencé a mirar más profundamente por la pared. Cuanto más miraba en su interior, más podía ver lo que parecían como miles de millones de películas de todo tipo. Comencé a darme cuenta de lo que estaba ocurriendo. Estas no eran películas en absoluto, sino la vida de las personas en marcha delante de mis ojos. Con mi corazón latiendo violentamente comencé a hacer preguntas en voz alta, sin esperar necesariamente una respuesta.

Me escuché a mí mismo cuando grité: "¿Cómo llegué aquí?".

Una voz me respondió al instante, como si la pregunta hubiera sido anticipada: "Yo te traje aquí".

Sus palabras ardieron en lo más profundo de mi corazón. Nunca antes había sentido ese tipo de compasión. Fue una compasión ardiente.

Mientras hablaba, su presencia comenzó a rodearme con una espesa niebla. Podía sentir que se estaba irradiando sanidad sobre cada célula de mi cuerpo. Sentí el amor puro, por primera vez en mi vida, y se me quitó el peso de la amargura. Acostado, boca abajo, pude sentir su emoción que crecía mientras me conectaba con su corazón. Sus pensamientos se convirtieron en mis pensamientos hasta que finalmente la voz me dijo: "Quiero mostrarte por qué te traje aquí".

PODÍA SENTIR QUE SE IRRADIABA SANTIDAD A CADA CÉLULA DE MI CUERPO. SENTÍ EL AMOR PURO, POR PRIMERA VEZ EN MI VIDA Y SE ME QUITÓ EL PESO DEL MUNDO.

En aquel instante comenzó a rodar la película de mi vida en sentido contrario, justo delante de mis ojos...se rebobinó más allá de mi nacimiento, mi concepción y hacia la eternidad. A medida que se desarrollaba la película me pude ver delante de Dios en un lugar sin tiempo...antes de la creación del mundo. Él me señaló y me dijo: "¡Te conocí aquí!". Luego Él avanzó rápidamente la película a la concepción en el vientre de mi madre. Vi cómo Dios me formaba cuidadosamente. Apareció un conjunto de planos con mi nombre y vi cómo Dios dispuso algunos atributos únicos para mí. Los talentos, las habilidades, la personalidad y la apariencia fueron diseñados cuidadosamente en el vientre de mi madre según su plan perfecto.

A continuación metió la mano en mi corazón y le dio un propósito profundo para que fuera solamente yo...algo que nadie más podía cumplir, un llamado que sólo yo podría responder. A medida que me formaba en silencio me di cuenta de que cada uno de mis atributos era realmente un pedazo de Su semejanza. Por lo tanto, la gente podría experimentar una parte de Dios al observar mi vida.

Cuando terminó la película, Él me levantó, me sentó en su regazo y me abrazó muy fuertemente diciendo: "¡Eres mi favorito...siempre has sido mi favorito!". Sus palabras corrieron como amor líquido por mi cuerpo trayendo sanidad a cada lugar quebrantado en mí. De esta manera me hizo libre.

A su imagen

Hace miles de años, Dios habló al profeta Jeremías y le dijo: "Antes de formarte en el vientre, ya te había elegido" Jeremías 1:5. El Señor Dios ya había dicho en el libro del Génesis 1:26: "Hagamos al ser humano a nuestra imagen y semejanza". ¡Piense en esto por un segundo...el más extraordinario y hermoso *Artesano y Maestro* nos creó a su propia imagen! ¡Esta es una declaración increíble de cómo fuimos hechos!

Lo segundo que es importante saber acerca de estos versículos es que ¡Dios planeó nuestra vida antes del comienzo de los tiempos! Si Él sabía que íbamos a nacer, debió tener un plan y un propósito para nuestra vida, porque Dios no comete errores.

El apóstol Pablo escribió: "En Cristo también fuimos hechos herederos, pues fuimos predestinados según el plan de aquel que hace todas las cosas conforme al designio de su voluntad" Efesios 1:11. ¡Fuimos creados por designio divino! Dios no está sentado en el cielo preguntándose qué va a hacer con todas estas personas que nacen.

Una de las mayores violaciones de nuestra relación con Cristo es no entender quiénes somos y cómo fuimos creados. Menospreciamos al Creador cuando nos quitamos el valor, porque fuimos hechos a su imagen. No sólo eso, sino que el día en que recibimos a Cristo como nuestro Salvador, Él hizo un trasplante de cerebro en nosotros. Sacó nuestro cerebro y nos dio el suyo; es por ello que la Biblia dice: "tenemos la mente de Cristo". 1 Corintios 2:16

La verdad sobre el amor

A muchos cristianos les han enseñado exactamente lo opuesto. Si recuerda la historia de Jody, su mayor problema era que ella no se amaba y no se perdonaba a sí misma. ¡Por lo general, nosotros somos las personas más difíciles para perdonarnos a nosotros mismos! ¡Estas dos cosas sumadas se parecen a una esposa artrítica que le ruega a su esposo que regrese y la salve, en lugar de ser una esposa victoriosa que trae el cielo a la tierra!

La mayoría de los problemas del mundo tienen su origen en el odio a sí mismo, con lo cual jamás permitiremos que alguien nos ame más de lo que nos amamos a nosotros mismos. Esta es la medida del amor. Es por ello que el Señor Jesús dijo: "Ama a tu prójimo como a ti mismo" Mateo 22:39. Si no nos amamos a nosotros mismos, cuando alguien nos muestre un amor profundo sentiremos temor de que esa persona nos hiera. Así que, sin saberlo, en lugar de correr el riesgo hacemos inconscientemente lo peor para sabotear la relación con el fin de protegernos a nosotros mismos.

Otro escenario que se presenta cuando alguien nos ama más de lo que nosotros nos amamos es que nos volvemos demasiado dependientes de esa persona porque tenemos miedo de que nos deje. Por lo tanto, vivimos nuestra vida entera a merced del otro en lugar de establecer límites y compartir nuestras necesidades más íntimas. En esto último consiste el amor verdadero. Es por ello que el rey Salomón escribió: "Tres cosas hacen temblar la tierra… y una cuarta la hace estremecer… siendo la tercera la mujer rechazada que llega a casarse". Proverbios 30: 21,23

¡Cuidado! El patrón con que nos amamos a nosotros mismos es también el patrón con que amamos a los demás. Sin lugar a dudas, si usted no se ama a sí mismo van a ser casi nulas las posibilidades de que usted ame a otra persona según el modelo de Dios. Usted no puede ir de acá para allá odiándose y luego tratar de dar amor a las personas que lo rodean. ¡Simplemente no funciona de esa manera! Amarse a sí mismo según el amor de Dios es la única manera en que usted realmente puede tener relaciones felices y sanas.

AMARSE A SÍ MISMO SEGÚN EL PATRÓN DE DIOS ES LA ÚNICA MANERA EN QUE USTED REALMENTE PUEDE TENER DE VERDAD RELACIONES FELICES Y SANAS.

Hay tantas opiniones diferentes sobre el amor que parece una tontería ir más lejos sin definirlo. Veamos algunas definiciones sencillas.

El amor no es una emoción pasajera que viene y se va con el viento. Tampoco es una chispa que fue creada en un momento candente de euforia emocional. ¡El amor es una decisión! ¡El amor es sacrificio! El amor es paciente y no tiene envidia. El amor es una relación con límites y, sin embargo, el amor es incondicional. El Señor Jesús es el modelo vivo y más bello del amor que hemos tenido en la tierra. Él fue y es la encarnación del amor verdadero. Él se ocupó de sus propias necesidades, y sin embargo, Él era generoso hasta dar su vida por amor a la humanidad. Sacó lo mejor de sí mismo en cada situación y lo usó para desarrollar lo mejor en los demás. Y, por último, cedió su vida ante el látigo y la Cruz para restaurar nuestra relación con el Padre. Jesús dijo: "Nadie tiene amor más grande que quien da la vida por sus amigos" Juan 15:13. ¡La capacidad del Señor Jesús de dar su vida para edificar a los demás se apoyaba en el hecho de que Él se amaba a sí mismo! Él sabía de dónde venía y lo que el Padre le había mandado a hacer; por lo tanto, sabía cuán único era su propósito del perdón que tenía para darnos.

¿Quién dice usted que es?

No es suficiente saber lo que dicen las Escrituras sobre usted, porque su identidad no está en su mente sino que está clavada en su corazón. El Señor Jesús dijo en cierta ocasión: "El que es bueno, de la bondad que atesora en el corazón produce el bien; pero el que es malo, de su maldad produce el mal, porque de lo que abunda en el corazón habla la boca" Lucas 6:45. Lo que somos y lo que creemos que es verdad sobre nosotros se deriva de las diferentes cosmovisiones. Si tenemos la cosmovisión de Dios comprenderemos que fuimos creados a su imagen.

Si usted se pone en marcha con atraso y lee este libro diciéndose a sí mismo: *No creo que me amo como debería*, primero necesita regresar y volver a leer mi sueño sobre la creación al comienzo de este capítulo para que pueda recordar cómo lo creó Dios y cómo Él lo ve. Pase un buen tiempo cada día orando y repasando estas verdades hasta que se vuelvan suyas.

TRATE CADA PENSAMIENTO QUE SEA PELIGROSO PARA SU
IDENTIDAD O CONTRARIO A LO QUE ÉL DICE DE USTED
COMO PECADOR.

A continuación: "llevemos cautivo todo pensamiento para que se someta a Cristo". 2 Corintios 10:5. Trate con firmeza cada pensamiento que sea peligroso para su identidad o contrario a lo que Él dice de usted como pecador. Estos pensamientos son malos por naturaleza y sólo están allí para mermar su identidad. Usted tiene el derecho de echar fuera de su mente cualquier pensamiento que no esté acorde con la Palabra de Dios.

¡Ahora revisemos cómo habla usted de sí mismo! Hablar en forma amable de sí mismo tiene que ser una parte muy importante de la vida de un creyente para que podamos ser sanos e íntegros. Piense cuánto lo ama Dios. Eche un vistazo a lo que le sucedió la semana pasada y pregúntese cuántas veces tuvo pensamientos que no fueron de Dios. Bill Johnson, el pastor principal de la Iglesia Bethel, dice: "No podemos permitirnos tener un pensamiento que no sea de Dios". ¿Cuántas veces se habló a sí mismo de una manera destructiva esa semana?

A menudo les digo a las personas que luchan con su identidad: "¡Mientras se detienen en un semáforo, piensen en lo maravillosos que son!". El espíritu religioso me dice a veces: "¡Usted va a llevar a la gente al orgullo diciéndoles que son maravillosos!". Pero la verdad es que cuando entendemos que nacimos para ser maravillosos porque vivimos con Jesús como modelo y fuimos creados por Dios mismo, entonces el orgullo no debe preocuparnos. El orgullo surge con más peligrosidad cuando tratamos de elevarnos debido a nuestra inseguridad.

Amores falsos

Una de las mayores tragedias del amor es que se confunde con la pasión sentimental. Pero recuerde que el amor no es un sentimiento. El verdadero amor se basa en el sacrificio—dar la vida—. La pasión es una emoción ilusa que se siente con más frecuencia durante la búsqueda y la exploración de otra persona. No deberíamos intercambiar la pasión por el amor. Tampoco la búsqueda de la pasión debería preceder al fundamento del amor. Cuando las relaciones se basan en la pasión, las emociones determinan la profundidad de la conexión, y antes de que uno se dé cuenta escucha declaraciones de parejas casadas como: "Nos sentimos desenamorados". ¡Déme un tiempo antes de continuar!

Pero tengan cuidado: Uno no puede "desenamorarse" porque el amor es para siempre, como explica San Pablo. Si usted se siente "desenamorado" es porque nunca estuvo enamorado. El amor es una decisión personal que nunca cambia. El amor se vuelve inactivo y la relación comienza a morir cuando las parejas toman la decisión de dejar de sacrificarse y de entregar su vida el uno al otro. La pasión, en cambio, es una parte sana de las relaciones íntimas cuando el amor verdadero está en el centro del pacto. Pero si la pareja utiliza la pasión como un pegamento, la relación sólo va a ser un destello de fuego pasajero en lugar de una llama eterna.

La promesa del amor verdadero incluye la siguiente afirmación: ¡Usted *sentirá* algo indescriptible! Por el contrario, el corazón encerrado en acero no siente nada. Después de haber sido profundamente lastimado por la infidelidad de mi esposa supe en mi interior que para volver a amar debía "arriesgarme" de nuevo. Muchas veces tuve la tentación de tirar lejos la llave de la jaula protectora que rodeaba mi corazón a causa de las experiencias dolorosas. Si yo iba a ser capaz de mantener abiertas las puertas de mi corazón, tendría que estar atento de las muchas formas falsas del amor.

El amor egoísta

El primer amor falso es el *amor egoísta*. Este es todo lo contrario del verdadero amor. Esta clase de amor sólo da algo con el propósito de recibir. Es por lo general de corta duración y deja atrás ráfagas súbitas de fuego y puentes quemados. El amor egoísta está cuidadosamente empacado en palabras dulces y zalamerías que cortejan a la víctima hacia la vulnerabilidad antes de darle el golpe fatal. El signo revelador del amor egoísta radica en su incapacidad de sacrificarse y de servir al otro. ¡No dude en meter la cola y huir, cuando se encuentre en esa situación con una persona que no esté dispuesta a satisfacer sus necesidades! Obviamente, usted querrá satisfacer las necesidades de ella.

EL AMOR EGOÍSTA ESTÁ CUIDADOSAMENTE EMPACADO
EN PALABRAS DULCES Y ZALAMERÍAS, QUE CORTEJAN A
LA VÍCTIMA HACIA LA VULNERABILIDAD ANTES DE DAR EL
GOLPE FATAL.

El amor sin necesidades

Otro amor falso es el amor interesado. El amor desinteresado le da "todo" a cualquier persona que lo requiera, con la esperanza de que algún día pueda llenar el pozo sin fondo que está en su propia alma. Las personas interesadas tienen su identidad envuelta en el hecho de que son la sangre que mantiene vivas a las sanguijuelas. Las personas impotentes que pretenden no tener necesidades, por lo general ofrecen este tipo de amor. Pero el amor nunca estará completo sin compartir las necesidades. Sólo hay una persona poderosa en estos tipos de relaciones: la que ayuda desinteresadamente. Las personas "interesadas" piensan que si tienen necesidades y las comparten, quedarán solas.

El amor ebrio

El tercer tipo de amor falso es el amor ebrio (también conocido como amor ciego). El amor ebrio es alimentado únicamente por un estado de emociones intoxicado que es causado generalmente por la desesperación y el temor. Este amor peligroso se abre paso entre todos los límites, sin detenerse ante las señales de advertencia, en la búsqueda de una solución. El amor ebrio está seguro de dejarlo a usted en un lago de tristeza, con poco o nada ganado. Usted normalmente puede distinguir cuándo está en esta situación porque la comunidad a su alrededor le grita: "¡PELIGRO!". Pero el enamorado ebrio justifica su intoxicación con clichés tales como "...es que nadie me entiende". Recuerde: Usted estará en aguas profundas cada vez que utilice esta justificación para permanecer en una relación amorosa de ese tipo.

Mi vida ahora

Aprendí mucho sobre mí mismo cuando se arruinó mi matrimonio. Estoy continuamente animado a crecer en la vulnerabilidad de amar verdaderamente a los demás. Ya no tengo miedo de volver a amar. Cada relación me exige lo máximo y con cada error o daño tengo que tomar la decisión de encontrar el amor en lugar de huir. El amor, (si usted no conoce bien a la otra persona), es una relación riesgosa y no hay garantías cuando se trata de confiar en esa *otra persona*. Por eso el evangelio habla de "yugo desigual".

Mis preguntas abundan a medida que se remueve continuamente la tierra de mi corazón con el arado del proceso del amor verdadero. Tengo que entender a la persona que amo, a medida que uso el discernimiento sobre la verdadera naturaleza del amor. El amor sin un modelo divino no es amor en absoluto. Es simplemente un quebrantamiento emocional que usted puede encontrar en cualquier parte.

Hay muchas personas que se enmascaran para fingir el amor verdadero; pero yo he encontrado que les faltan los atributos de que habla Pablo en la Carta a los Corintios. Los que participan en estos amores falsos piensan que han probado el amor de verdad. Pero se "desenamoran" cuando son lastimados con la primera herida. Para encontrar el amor verdadero tuve que conocer sus atributos. Pablo describe bellamente las características del amor verdadero en 1 Corintios 13:4-7:

> *El amor es paciente, es bondadoso. El amor no es envidioso ni jactancioso ni orgulloso. No se comporta con rudeza, no es egoísta, no se enoja fácilmente, no guarda rencor. El amor no se deleita en la maldad sino que se regocija con la verdad. Todo lo disculpa, todo lo cree, todo lo espera, todo lo soporta.*

El amor produce libertad. El amor es plenitud. El amor es darle honra a la otra persona. A medida que atraviese otra vez por el camino del amor me acordé de esta verdad: Yo soy el único que tiene el poder para decidir en qué tipo de relación estaré involucrado. Yo controlo mi patrón. El amor no es amor a menos que me cueste algo. El amor no es amor a menos que busque solamente el bien superior de la otra persona. El amor no es amor a menos que conduzca a la libertad espiritual. Y para eso se necesita colocar a Dios en el primer lugar.

EL AMOR NO ES AMOR A MENOS QUE BUSQUE
SOLAMENTE EL BIEN SUPERIOR DE LA OTRA PERSONA.
EL AMOR NO ES AMOR A MENOS QUE
CONDUZCA A LA LIBERTAD.

Puedo ver y apreciar los atributos maravillosos del amor después de haber sido herido en mi relación matrimonial y haber salido sanado al otro lado. Ahora me doy cuenta de que Dios me ama incondicionalmente. Reconozco que no fueron mis decisiones las que casi me matan sino las decisiones de la otra persona. Esto lo entiendo después de haber pasado por lo que parecía el final de mi vida. A pesar de las faltas y el abuso de ella en nuestra relación, nunca perdí mi amor por Heather ni mi esperanza de que ella fuera íntegra. Si yo pude pasar por eso y amarla a pesar de todo lo que ocurrió, ¿cuánto más infinito será el amor de Dios? Después de todo, soy la persona que lo puso en la Cruz.

10

Las señales de alerta

D emasiados factores actúan para que
una persona sea emocionalmente
sana y viva íntegramente en relación con los demás. La *paz*
es uno de esos factores con los cuales uno no puede salir de
casa con solo nombrarla. Usted no puede construir la paz sin
Dios.

Me he encontrado muchas veces en mi vida luchando por la
posesión de mi propia paz. Estas luchas no fueron anunciadas
por el sonido de una trompeta para advertirme de la presencia
de un enemigo que venía a atacarme, ni hubo soldados parados
en un campo de batalla a plena vista, sosteniendo escudos y lan-
zas. El campo de batalla estaba en mi mente y los adversarios
eran las mentiras engañosas que se me habían infiltrado sin ser
detectadas.

Puesto que usted está entre los cristianos activos, estoy seguro de que ha experimentado lo que estoy hablando. Esos adversarios con los que luchamos se manifiestan en forma de inseguridad, ira, soledad, rechazo, autocompasión, frustración, y así
sucesivamente. Y aunque estos sentimientos no son malos, si no
se corrigen con la verdad de Dios se convertirán en factores tan
destructivos como el mismo diablo.

Una de las cosas más importantes que hay que saber sobre estos sentimientos es que necesitan atención inmediata, ya que tienen demasiada influencia sobre nosotros. Me refiero a estos sentimientos como "señales de alerta". Cada señal de alerta, ya sea que se trate de la soledad o la inseguridad o cualquier otra, lo deja a usted extremadamente vulnerable a la *transgresión* (pecado) de sí mismo o de otra persona. Es importante saber que al final o al comienzo de una relación amorosa, usted será más susceptible a estas señales de alerta.

Hace unos tres meses me desperté a las 7:00 a.m. para descubrir que mi cerebro ya se había despertado y había estado procesando algunas ideas desde hacía bastante tiempo. Los pensamientos de *inseguridad* me daban vueltas por la mente uno a uno, dándose a conocer mientras yo yacía en la cama. Pensé por un instante en echarlos a un lado y volver a dormir, con la esperanza de que de alguna manera desaparecieran. Pero cuanto más tiempo permanecía allí, más me daba cuenta de que estos saboteadores no me iban a dejar en paz.

La inseguridad comenzó lentamente a tomar control de mi alma hasta el punto que se convirtió en algo más fuerte de lo que yo podía pensar. Comprendí que no era mi estado mental normal y tuve que tomar una decisión: tratar de ignorarla o luchar contra ella.

¡Decidí que salir de la casa con un corazón hambriento y sin paz era probablemente una mala idea! Y como tenía el día libre, decidí pasar la mejor parte de las tres horas acostado en mi cama, luchando contra la inseguridad, sabiendo que son costosas las consecuencias de sentirme inseguro. He aquí por qué.

Mi trabajo consiste en ayudar a supervisar a 800 alumnos de la Escuela Ministerial y a 10 pastores, además de pastorear a 65 alumnos por mi cuenta. La mayoría de mis deberes como pastor y supervisor de la escuela hacen que pase todo el tiempo en una oficina, asesorando a jóvenes estudiantes sobre sus problemas. Si entro en un cuarto donde hay un estudiante herido y yo me siento inseguro... ¿tomo el riesgo de transmitirle mi inseguridad e infectarlo con algo que él no tiene?

Incluso, si yo no afecto de manera negativa su tranquilidad, aunque de alguna manera yo me sienta menos inseguro por lo que dicen sobre mí, entonces me he convertido en un esclavo de la alabanza de los demás y siempre voy a quedar a la merced de ella. No te fíes de la alabanza de nadie. La alabanza es sólo para Dios.

¡Las llamas pequeñas se convierten en incendios forestales!

Le he dado a lo largo de este libro varios ejemplos de personas que se han causado daño a ellos mismos y han causado heridas a alguien más. Cada una de estas faltas no comenzó originalmente como una transgresión; más bien, comenzó como una pequeña chispa que se dejó desatendida y que con el tiempo creció para ser un incendio forestal.

Un buen ejemplo de esto, aunque hay que reconocer que es muy severo, es la vida de Ted Bundy. Este hombre fue uno de los asesinos en serie más temidos y despiadados de nuestro tiempo. Sin embargo, él no comenzó como un alma endurecida en busca de sangre. Comenzó como un joven que, a la edad de 13 años, se hizo adicto a la pornografía. Le hacía falta el amor de sus padres. Su adicción a la pornografía "blanda" aumentó dramáticamente con los años. Poco después él ansiaba escenas más explícitas y violentas, las cuales lo llevaron con el tiempo más lejos en su adicción hasta que se convirtió finalmente en Ted Bundy, el asesino que todos conocemos.

Sé que su historia es un ejemplo fuera de serie de lo que ocurre con algo que comienza siendo pequeño, pero la verdad es que si Ted Bundy hubiera reconocido y tratado la necesidad que tenía en su corazón a la edad de 13 años, cuando sólo era una chispa, la vida de muchas víctimas habría cambiado para siempre. Pero debido a que no reconoció su problema ni obtuvo ayuda, la chispa de la perversión creció hasta convertirse en una rabia que les costó la vida a muchas personas.

DEBIDO A QUE NO LOGRÓ ENCONTRAR LO QUE NECESITABA Y OBTENER AYUDA, LA CHISPA DE LA PERVERSIÓN Y LA NECESIDAD DE SER IMPORTANTE CRECIÓ PARA CONVERTIRSE EN UNA RABIA QUE LES COSTÓ LA VIDA A MUCHAS PERSONAS.

El noviazgo es un ejemplo menos dramático de cómo las personas *poco sanas* pueden crear relaciones disfuncionales. Una persona *es poco sana cuando su corazón es egoísta, mentiroso, infiel y alejado de Dios.*

Es muy común en una relación de noviazgo que la inseguridad conduzca la relación más rápido de lo que debería ir, haciendo que las dos partes implicadas lleguen a tener intimidad sexual sin haberse conocido y sin haber establecido la base de la verdadera confianza. A nadie le gusta sentirse inseguro en una relación amorosa, pero la mentira es: "Si tan sólo llego al punto en que él/ella esté *completamente comprometido (a)*, entonces mi inseguridad desaparecería". Con esta creencia aumenta el ritmo de la intimidad y se traspasan los límites. Después de dos años por ese camino usted estará casado y descubrirá que le hizo falta la base de la confianza y se quedará luchando por mantener el equilibrio en la relación. Confiar significa "poner su fe en alguien". ¿En quién ha puesto usted su fe?

Por otro lado, si usted sabe que se siente inseguro en una relación pero se toma el tiempo necesario para hacerle frente a la inseguridad (conociéndose bien), entonces ambos estarán protegidos. En lugar del temor como el motor de su relación, su motivación se basará en la confianza.

Podría darle literalmente cientos de ejemplos maravillosos que comenzaron con amistades pequeñas y que buscaron el camino para llegar a ser "relaciones formidables. Pero lo más importante que quiero que aprenda en esta sección del libro es que cualquier necesidad—ya sea inseguridad, soledad, frustración, odio a sí mismo, ira o similares—que no se controle con la *Verdad de Dios*, crecerá sin control para destruir su vida. Quizás no sea hoy ni mañana, pero es muy similar a una astilla que se clava en su piel. Si no la saca, esa astilla comenzará a infectar su herida hasta que sea tan dolorosa que usted no va a querer que nadie la toque. Pero hasta que usted no retire la astilla, la infección continuará creciendo.

La importancia de la autoconciencia y el discernimiento

Toda persona tiene un conjunto de necesidades que, si no son satisfechas, producirán algún tipo de dolor en cualquier momento. Muchas personas se desligan de lo que realmente piensan, sienten y necesitan. El problema al negar los sentimientos es que nosotros, los seres humanos, fuimos creados para satisfacer nuestras necesidades, sin importar si somos o no conscientes de ellas. Y al no ser conscientes de lo que realmente necesitamos, las posibilidades de satisfacer nuestras necesidades de una manera sana disminuyen dramáticamente cuanto más las ignoremos.

El proceso de tomar conciencia de lo que pensamos, sentimos y necesitamos, se llama volverse "autoconsciente". Volverse consciente de sí mismo es una de las grandes defensas que Dios nos ha dado. La Palabra de Dios nos enseña claramente sobre el discernimiento. Sin esta capacidad vamos al campo de batalla sin la armadura correcta. Es sólo cuestión de tiempo antes de que recibamos un disparo en el corazón por una mala decisión que ni siquiera sospechamos.

SIN LA AUTOCONCIENCIA, VAMOS AL CAMPO DE
BATALLA SIN LA ARMADURA Y CON UNA GRAN DIANA
DIBUJADA EN NUESTRO PECHO.

El proceso de volverse autoconsciente no es algo imposible sino que es una práctica que requiere asistencia y atención diaria. Hay varias maneras para volverse realmente listo en la habilidad de saber qué pasa en nuestro corazón. El primer paso consiste en reconocer que usted tiene necesidades que le exigen algún tipo de acción. Una de las formas que le ayudarán a descubrir lo que necesita es prestar atención a la manera como usted se siente en su alma y en su espíritu. Recuerde que en el alma están sus pensamientos, sus sentimientos y su voluntad. En cambio, en el espíritu está su fe, su esperanza y su amor verdadero. Por ejemplo, si usted se siente enojado (el enojo es su sentimiento del alma), hay una necesidad que trata de ser satisfecha. ¿Cómo va a satisfacer ese enojo? Su enojo puede provenir de una sensación de impotencia y de estar fuera de control; así que, si usted se siente enojado, deténgase un instante y regrese al lugar donde se desencadenó su enojo. Si no sabe cómo hacerlo, busque ayuda idónea.

Hay muchas razones por las que una persona se puede sentir enojada, pero si usted regresa al suceso donde comenzó la ira encontrará la respuesta de por qué se siente de esa manera. Puede que no sea capaz de resolver el problema que provocó la ira, pero puede decidir qué va a hacer con ella. San Pablo dijo: "Si se enojan, no pequen". Efesios 4:26, lo cual significa que no hay vergüenza en sentir frustración, inseguridad o ira. La vergüenza viene por las malas acciones que hacemos con nuestra ira.

Considerar el beneficio de llevar un diario

Otra buena manera de saber lo que necesita es pasar tiempo a solas, escribiendo un diario sin editar lo que está pensando. Un diario es un escrito sencillo y espontáneo. Yo comienzo a menudo mi diario sin ni siquiera saber cómo me siento ni por qué me siento de cierta manera; pero al momento de terminar de escribir mis pensamientos y de lo que me ocurrió en el día puedo entender cómo estoy y por qué. De la misma manera, sentarse con un amigo íntimo y hablar de sus pensamientos y emociones puede ser una manera excelente para descubrir lo que usted necesita y descubrir qué ocurre en su interior.

Tomar una prueba de personalidad

Hay otros dos factores que juegan un papel importante en las "señales de alerta" de su vida. El primero son los rasgos de su personalidad. ¿Conoce usted los rasgos de su personalidad? Todos nosotros tenemos *un tipo de personalidad* con su propio conjunto de fortalezas y debilidades. Usted puede descubrir a qué temores está propenso y qué tiende a necesitar para sentirse sano y seguro si conoce qué rasgos de personalidad posee. La comprensión de sus temores y necesidades le permitirá prestar más atención a esas áreas de su vida.

Usted tiende a vivir una vida más sana y feliz cuando tiene en cuenta sus tendencias naturales (por ejemplo, ¿actúa mejor cuando es el líder, o cuando está en un segundo plano?). Una de las maneras más fáciles para descubrir sus fortalezas y debilidades es someterse a una prueba como la prueba *DISC* o el *Indicador de Myers-Briggs*. Estas pruebas están diseñadas para ayudarle a averiguar qué tipo de personalidad es la suya, lo cual le ayudará a desarrollar una vida saludable, tanto interna como externa.

Identificar su mayor necesidad insatisfecha

El segundo factor que le ayudará a ser consciente de sí mismo es descubrir el área donde siente mayor dolor. Por ejemplo, si su vida ha estado marcada por el rechazo, entonces usted sabe sin lugar a dudas que el rechazo es un área donde siente dolor. Cuando usted se siente rechazado y no es consciente, usted puede volver a caer en un patrón antiguo de aislamiento que lo deprime.

Descubrí que mis mayores áreas de necesidad eran *la inseguridad y la soledad*, cuando estuve en medio de los días más oscuros de la traición de Heather. Había pensado ser un esposo casado con una bella esposa y de pronto desperté solo en mi cama. Al despertarme sentía como si el amor me hubiera jugado una traición. Con mi mente distraída podía imaginarme a él (su amante) y ella (Heather) acostados juntos en la comodidad de su propia casa. Y aunque eso pudo ser real, la verdad es que incluso antes de que me levantara de la cama en una mañana así, tenía algunas necesidades emocionales muy importantes que debían ser atendidas para que yo estuviera bien.

La inseguridad y la soledad para un hombre como yo es lo más normal; incluso es lo que se espera. Hubiera sido el colmo de la necedad que yo no fuera consciente de la presencia de estas emociones. Pero aprendí rápidamente que la soledad y la inseguridad no debían ser mis amigas y cada vez que mostraban su rostro las ahuyentaba con firmeza.

Cómo tratar con cada señal de alerta

No podemos decidir quién llega a nuestra puerta, pero tenemos la opción permitirle o negarle la entrada. Tenemos que autonombrarnos *los guardianes de nuestra vida* y los protectores de nuestro corazón. No podemos permitir que otros gobiernen nuestros pensamientos y nuestros deseos, mucho menos nuestra voluntad. Debemos tomar decisiones drásticas sobre nuestros estados de ánimo, acciones y sistemas de creencias; por lo tanto, ¡somos suficientemente capaces de cambiarlos en caso de que estemos equivocados!

Como líder de un grupo de pureza sexual de hombres descubrí que la mayoría de los reveces son el fruto de no reconocer la pequeña chispa de dolor hasta que se convierte en un incendio forestal. Para muchos, el ciclo de la rabia fuera de control ha sido una parte de su vida debido a su incapacidad de entender lo que necesitan y satisfacerlo de una manera sana. Usted debe tener un plan para cada señal de alerta. ¿Qué otras alertas ha recibido fuera de la rabia y la tristeza? ¿Está sufriendo por algo?

Cuando yo estaba en el valle oscuro de mi divorcio me despertaba todas las mañanas y me preguntaba en voz alta: "¿Cómo me encuentro hoy? ¿Qué necesito? ¿Estoy sufriendo...o está bien mi corazón?". Al responderme comprendí que con sólo tomar un poco de tiempo para cuidarme a mí mismo cada mañana me hacía sentir valioso; y por lo general, si algo estaba mal, aunque fuera algo pequeño, podía encargarme rápidamente de ello porque mantenía las cuentas claras conmigo mismo. Cuando no podía alejar rápidamente los sentimientos de aflicción, entonces yo sabía que esta era una alarma grave. Yo había decidido que salir de mi casa con cualquier tipo de señal de alerta titilando en mi alma era una decisión realmente mala.

Hay cientos de maneras para vencer los sentimientos de inseguridad, soledad o desesperanza. Pero antes de que usted pueda vencer a estos enemigos debe entender los *problemas de fondo* de su corazón, como hablamos antes en el libro. Hay una gran diferencia entre *me siento inseguro por algo que acaba de ocurrir en este momento y, me siento inseguro porque no acudo a Dios, que es mi Padre.*

Estos dos asuntos son mundos distantes que requieren diferentes tipos de atención. Si no acudo a mi Padre, siempre estaré inseguro.

En última instancia, la mejor manera de solucionar las señales de alerta que provienen de *las acciones de otra persona,* es abrir nuestras heridas y darles el tratamiento adecuado (consiga la ayuda de un buen consejero) para comenzar a responder inmediatamente. Cuando me despierto sintiéndome inseguro hablo con Dios y anoto en el diario lo que Él dice sobre mí y la manera como Él me ve. Si eso no atenúa el problema, entonces llamo a mi consejero (mi papá) y busco ayuda adecuada.

La inseguridad, el temor, la desesperanza, la depresión y el odio a sí mismo, están todos enraizados en la mentira. La Biblia nos dice que cuando Timoteo estaba luchando con el temor, su padre espiritual, Pablo, le escribió estas palabras: *"Porque no nos ha dado Dios un espíritu de cobardía, sino de poder, de amor y de dominio propio"* 2 Timoteo 1:7 *RVC*. La gran baza que tenemos los cristianos en todo momento es el poder del Espíritu Santo y la Palabra de Dios. Su poder transforma nuestros temores en paz y su Palabra desarraiga las mentiras que están sembradas en nuestro corazón.

LA GRAN BAZA QUE TENEMOS ES EL PODER DEL ESPÍRITU SANTO Y LA PALABRA DE DIOS. SU PODER TRANSFORMA NUESTROS TEMORES EN PAZ Y SU PALABRA DESARRAIGA LAS MENTIRAS QUE SE SIEMBRAN EN NUESTRO CORAZÓN.

Sólo usted puede controlarse a sí mismo

El libro de Gálatas nos enseña que el *dominio propio* es un fruto de la participación del Espíritu Santo en nuestra vida ver Gálatas 5:23. Hay muchas cosas en esta vida que necesitamos y queremos, las cuales no serán atendidas si no tenemos el control sobre nosotros mismos. De hecho, ¡es sólo mediante el poder del Espíritu Santo que tenemos control de nosotros mismos!

Vivimos en el engaño si no tenemos un sistema de creencias basado en lo que somos: "Somos criaturas hechas a imagen de Dios." Sabemos que Dios nos hizo con la capacidad de actuar con *dominio propio.* ¿Qué es el dominio propio? El diccionario dice que *es la facultad de usar y disponer de lo que es suyo.* La única persona a quien usted puede controlar de una manera sana es a usted mismo. Usted puede compartir sus sentimientos y necesidades con otras personas pero sólo usted decide cuál es el momento en que le hacen daño. Con esta verdad en mente, usted debe aprender a ser una persona íntegra, independientemente de lo que haga cualquier otro.

Las personas con la mentalidad de víctimas ven a través de una lente que les muestra el siguiente punto de vista: *"El mundo está contra mí. Todos los demás reciben lo que yo debería tener. Soy siempre el que se queda por fuera".* Usted sabrá de inmediato si tiene una mentalidad de víctima porque estos pensamientos ya se hallan en su mente. Las "víctimas" sienten como si todo lo que les pasa fuera la culpa de los demás, y piensan que la vida sería buena si las personas hicieran las cosas de manera diferente o los trataran de otra forma.

La verdad es que cuando usted abraza esa mentalidad de víctima, ¡usted es la persona que tiene el problema (no los demás)! ¡La buena noticia es que si usted **es** el problema, usted mismo puede solucionarlo (y no cualquier otro), con la ayuda de Dios!

Su forma de pensar puede darle libertad

Pablo les escribió a los creyentes de Roma: *Y no adopten las costumbres de este mundo, sino transfórmense por medio de la renovación de su mente".* Romanos 12:2, *RVC*

162   El poder sobrenatural del perdón

Estos creyentes romanos eran antiguos politeístas (adoraban a muchos dioses); por lo tanto, aceptar las costumbres de su mundo significaba creen en todos los mitos y dioses paganos. Pablo les enseñó a los romanos que necesitaban cambiar radicalmente su manera de pensar cuando les dijo: "Renueven su mente". Todos nosotros necesitamos un buen lavado de cerebro con la Palabra de Dios ver Efesios 5:26.

Está científicamente comprobado que nuestros hábitos y patrones de pensamiento abren ranuras neurotransmisoras o caminos en nuestro cerebro. *Nuestro Sistema Básico de Creencias* (nuestra cosmovisión) construye avenidas o modos de pensar que encausan nuestros pensamientos a lo largo de estas avenidas. Piense en esto como si estuvieran en un camino que se abre por un bosque denso. Este camino *(o patrón de pensamiento)* es la vía por donde hemos estado caminando toda nuestra vida. Todo lo que hemos hecho realmente es poner un letrero de *Prohibido Pasar* cuando tomamos una decisión consciente de cambiar nuestra manera de pensar. Aquí es donde comienza el proceso de cambio: necesitamos abrir un nuevo camino mental en nuestro cerebro que nos conduzca a la vida íntegra. La vida íntegra es la que Dios nos preparó cuando nos creó. ¡Este es un trabajo duro, al igual que abrirse paso por un bosque espeso! Pero si no transitamos por un camino renovado no veremos los letreros de *Prohibido Pasar* que están ubicados en las entradas de las autopistas de nuestros antiguos patrones de pensamiento. Si no hacemos el "pare", seguiremos viajando por el mismo camino destructivo, confiados en que ya lo conocemos. De ahí que muchas personas crean esta mentira: "Más vale malo conocido que bueno por conocer". Esta es una gran mentira.

Cuando usted está herido en sus sentimientos está motivado para cambiar. Este es un momento crítico en su vida. ¡Aprovéchelo! Al principio usted hará cualquier cambio con el fin de librarse de su dolor, pero a medida que pasa el tiempo y disminuye el dolor, usted se acostumbra a "sufrir" y se convertirá en una víctima.

> CUANDO USTED ESTÁ CON MUCHO DOLOR, AL PRINCIPIO, USTED HARÁ CASI CUALQUIER COSA QUE LE PIDAN HACER, CON EL FIN DE LIBRARSE DE SU ESTADO ACTUAL. A MEDIDA QUE SE DISMINUYE EL DOLOR, LA MOTIVACIÓN PARA ESTAR BIEN POR LO GENERAL SE DESVANECE CON EL DOLOR.

Uno de los antídotos para romper este patrón de tristeza es comenzar a establecer metas alcanzables. Estas metas le ayudarán a motivarlo después de que se haya ido su dolor. La sabiduría de Dios dice que usted debe mirar su vida de adelante hacia atrás. ¿Por qué? Porque usted no debe sentir miedo de detenerse un momento, sentarse en el borde de su tumba y pensar sobre su vida. ¿Qué quiere que diga Dios de usted? ¿Qué va a ser lo más importante para usted cuando esté en su lecho de muerte? Las respuestas a estas preguntas deben ser los "motivadores" de su vida. No deje que el dolor sea su "motivador".

El dolor es un motivador muy malo y un consejero aún peor. Usted no puede guiar su vida con el dolor. Eso sería como navegar en un mar embravecido con una brújula dañada. La brújula de su vida es la visión y el propósito que Dios le ha dado. Al seguir esa visión usted continuará abriéndose paso por el bosque de su mente para crear un camino hacia la libertad, mucho después de que el dolor haya desaparecido. ¡Una vida vivida de esta manera es una vida que será recordada para siempre!

11

Poder ver dentro de mí

Un joven vino a mí en busca de ayuda a principios del año 2010. Este joven se crió en nuestra iglesia, así que lo conocía desde su niñez. John vino a mi oficina aquel día y se veía melancólico, como si alguien le hubiera agotado toda su esperanza. Sólo le tomó unas pocas palabras para descubrir el por qué. Comenzó a compartir conmigo la historia de su reciente aventura amorosa relatándome la culpa que sentía por engañar a su esposa y el tormento de los últimos meses.

En cuanto John me contó su historia, su pensamiento siguió corriendo por mi mente: *¿Por qué John engañaría a su esposa con quien sólo llevaba un año de casado?* Las cosas empezaron a aclararse conforme lo cuestioné. Aparentemente, John era un caballero refinado que había estado en nuestra iglesia la mayor parte de su vida. Pero en el interior, John era un calabozo lleno de dragones. Sus recuerdos de la infancia estaban repletos de un dolor y rechazo. Su padre solía atarlo a él y a sus hermanos a los árboles y los golpeaba con mangueras de caucho para enseñarles alguna lección. El padre de John era un hombre frío y poco afectuoso que les enseñó a sus hijos que el verdadero amor venía a través del castigo. No había nada que John pudiera hacer que fuera lo suficiente bueno para su padre; ni tampoco escuchó alguna vez las palabras "Te amo" de parte de él.

Al comienzo de su adolescencia entregó su vida al Señor mientras asistía a un grupo de jóvenes de la iglesia. Sin embargo, en lugar de que esto aliviara su dolor, de alguna manera lo aumentó. Cuando John tenía 12 años se moría por tener afecto de sus padres dentro de un grupo de niños que tenían lo que él necesitaba tan desesperadamente. Pero no pasó mucho tiempo antes de que John comprendiera que si estos niños veían que él era un foso de dragones, harían lo mismo que su padre había hecho: rechazarlo. Al estar poco dispuesto a arriesgar el rechazo, John aprendió el arte sutil de ocultar lo que estaba pasando en su interior. Tenía múltiples caretas que les mostraba a las personas, según el caso, pero ninguna de ellas era real. Todas eran fachadas de quién él realmente quería ser, creaciones de su propia imaginación.

AL ESTAR POCO DISPUESTO A ARRIESGAR EL RECHAZO, JOHN APRENDIÓ EL ARTE SUTIL DE OCULTAR LO QUE ESTABA PASANDO EN SU INTERIOR. TENÍA MÚLTIPLES CARETAS QUE LE MOSTRABA A LAS PERSONAS, PERO NINGUNA DE ELLAS ERA REAL.

Pasó el tiempo y el dolor continuó creciendo, avivado por el entendimiento de que las personas no lo amaban. Algunas amaban la fachada. John era incapaz de hacer que el dolor desapareciera por dominio propio. Comenzó a automedicarse con la pornografía, con la esperanza de que esta llenara de alguna manera ese lugar de intimidad que jamás había sido ocupado antes. Pero el dolor era como una herida abierta; el calabozo se había vuelto más oscuro y los dragones habían declarado sus acusaciones contra él. John se conocía solamente como un transgresor de sí mismo y de las mujeres que veía en la pornografía.

John continuó por este camino a través de su adolescencia hasta que finalmente conoció a su esposa a la edad de 20 años. Al principio todo parecía genial. Ella era exactamente lo que él siempre quiso. Él había pasado su vida entera tratando de encontrar a alguien que lo amara realmente y que él pudiera amar. ¿Cómo es posible que esto le saliera mal?

John no llevaba un año de casado cuando los dragones comenzaron a recordarle que su esposa no lo conocía realmente porque él tenía muchas caretas y todas ellas eran engañosas. El temor de ser descubierto y rechazado se vio agravado por el hecho de que la mujer con quien se había casado era una joven pura y decente. Entonces pensó: *Nunca me va a amar, si alguna vez se entera de quién soy realmente.*

La presión continuó aumentando en su interior con el paso de los días y los dragones susurraron sus mentiras en los oídos de John. Continuó yendo más allá en su interior tratando de enterrar su verdadera identidad. Era sólo cuestión de tiempo antes de que la falta de verdadera intimidad hiciera explotar su relación en miles de pedazos. Solo y sediento de afecto, John volvió al único lugar donde siempre encontraba consuelo—en otra mujer tan quebrantada y confundida como él—.

La repetición de los pecados del padre

Por otra parte, John estaba repitiendo los pecados de su padre. Pero lo que John no entendió fue que los pecados de su padre no se transmitieron como una enfermedad congénita; le fueron heredados por estar de acuerdo con el sistema de creencias de su padre. John nunca se separó de las creencias fundamentales de su padre. Se aferró tan fuertemente a una mentalidad disfuncional que aprendió a vivir a través de las palizas de su padre y del amor abusado.

La verdad es que John era ahora una nueva creación en Cristo. Las cosas viejas ya habían pasado y Dios había traído cosas nuevas a su vida ver 2 Corintios 5:17. Escuchamos frecuentemente a algunos cristianos que se preguntan: "Si soy una nueva creación, entonces ¿por qué todavía estoy tratando con lo mismo de siempre?" La respuesta está en nuestra capacidad de someter completamente nuestra vida a Cristo. Recordemos que el Señor Jesús dijo: "Vengan a mí todos ustedes que están cansados y agobiados, y yo les daré descanso" Mateo 11:28. La esencia de lo que Cristo dijo es: "Vengan a mí tal como estén: cansados, agobiados y cargados y yo me reuniré con ustedes allí".

La mayoría de los creyentes que están atrapados en su pecado llegaron a Cristo de la misma manera que llegaron al mundo: escondiéndose detrás de su fachada, jugando al cristianismo. Sus intenciones pueden ser buenas pero no entienden que Cristo es el único camino de salida. ¡Él no los busca para que encuentren una salida sin Él! No olvidemos que el Señor Jesús dijo: "Sin Mí, nada podéis hacer" La verdad es que lo necesitamos realmente a Él para vivir victoriosamente. Dicho de otro modo, si vamos a ser libres, entonces tenemos que llegar a Cristo tal y como somos. El libro de Efesios desentierra una revelación increíble sobre el comportamiento del pueblo santo de Dios:

> Porque ustedes antes eran oscuridad, pero ahora son luz en el Señor. Vivan como hijos de luz (el fruto de la luz consiste en toda bondad, justicia y verdad) y comprueben lo que agrada al Señor. No tengan nada que ver con las obras infructuosas de la oscuridad, sino más bien denúncienlas, porque da vergüenza aun mencionar lo que los desobedientes hacen en secreto. Pero todo lo que la luz pone al descubierto se hace

visible, porque la luz es lo que hace que todo sea visible. Por eso se dice: "Despiértate, tú que duermes, levántate de entre los muertos, y te alumbrará Cristo". Efesios 5:8-14

Este es un pasaje poderoso escrito para los cristianos. Pablo nos enseñó aquí que no debemos ocultarnos en la oscuridad; debemos poner todo a la luz. ¡Nuestra alma se despierta de entre los muertos y nos *volvemos* luz cuando llegamos a la luz! Pero, ¿qué ocurre cuando llegamos a Cristo y sin embargo continuamos ocultando algunas áreas de nosotros mismos en las sombras de las tinieblas? Esta fue la historia de John. Llegó desesperado a Cristo queriendo sentir algo que jamás había sentido antes, necesitando el amor y el anhelo de ser libre. Pero sólo había abierto algunas áreas de su corazón al Señor, manteniendo en su interior los dragones que lo perseguían debido a su sistema de creencias.

Las partes de su corazón que había abierto se habían vuelto libres e íntegras, pero había otras áreas de oscuridad a las que el Señor no tuvo acceso para sanarlo porque John temió que su transparencia fuera castigada por Dios. Por lo tanto, John invitó a los viejos dragones de su antigua vida al bello palacio de la presencia de Dios.

El temor al rechazo alimenta a los monstruos de nuestra alma y nos encadena a la serpiente de antaño. Si no llegamos a Cristo *tal como somos* (con nuestro pecado, nuestra esclavitud y nuestro quebrantamiento), entonces nunca experimentaremos su amor incondicional. Esto nos deja sintiéndonos como si tuviéramos que "ser buenos" para ganar su aceptación. Sin embargo, si llegamos a Cristo tal como somos y Él nos ama en medio de nuestro pecado, entonces la obra del Señor trae sanación a toda nuestra vida. El temor al rechazo y la vergüenza que alguna vez nos tuvo como rehenes se desprenderán de nosotros a medida que abracemos su perdón increíble y entendamos nuestra nueva naturaleza en Cristo.

> EL TEMOR AL RECHAZO ALIMENTA A LOS MONSTRUOS
> DE NUESTRA ALMA Y NOS ENCADENA A LA SERPIENTE
> DE ANTAÑO. SI NO LLEGAMOS A CRISTO TAL
> COMO SOMOS (CON NUESTRO BAGAJE, NUESTRA
> ESCLAVITUD Y QUEBRANTAMIENTO), ENTONCES NUNCA
> EXPERIMENTAREMOS SU AMOR INCONDICIONAL.

La intimidad original

Al igual que todos nosotros, John estaba sediento de tener una relación íntima con Dios, pero la vergüenza lo había encarcelado en el huerto con la serpiente, lo cual nos recuerda mucho a nuestro padre Adán y nuestra madre Eva en el Edén. Todos conocemos la historia de Adán y Eva y la serpiente astuta que introdujo el pecado al mundo. Vayamos a un viaje de vuelta al Edén, el lugar donde todo comenzó y veamos si podemos descubrir las raíces reales de nuestras necesidades.

La historia comienza con un Dios amoroso que crea al varón y a la mujer, y luego les ordena que sean fecundos, que se multipliquen y dominen la tierra ver Génesis 1:26-28. En realidad, estos versículos en Génesis 1 nos dan una vista en primer plano de cómo y por qué Dios creó a Adán, y luego diseñó a Eva para que fuera "la otra parte" perfecta para Adán. Lo interesante de esta explicación es que nos muestra a Adán en busca de una compañera idónea. En otras palabras, si el plan original de Dios para Adán era multiplicarse y gobernar la creación, entonces no tenía sentido que Adán fuera puesto en el huerto sin ninguna capacidad de reproducirse. Y obviamente, él no encontró entre los animales con quién pudiera reproducirse. Dios deja bien claro desde el comienzo de la creación que cada criatura se podía reproducir únicamente "según su especie" Génesis 1:24. Por estas razones se hace evidente en Génesis 2 que el Señor quería que Adán descubriera el valor de una compañera idónea y así deseara lo que Dios ya tenía en mente para él—*una compañera según su especie.*

Bueno; ahora que usted ya sabe el propósito de Dios debe estar preguntándose por qué estudiamos tantos detalles sobre la creación del hombre y la mujer. ¿De qué manera el origen del hombre y la mujer nos da una idea de las raíces de la intimidad? Bien, esa es una buena pregunta. La respuesta está en el diseño original de Dios. Adán fue creado para necesitar a Dios y para necesitar *una compañera según su especie.* Sin Dios, Adán era solitario. Siempre que Dios entró en el Huerto, cuando el día comenzaba a refrescar, Adán se sentía feliz y realizado. Pero cuando Dios se iba, Adán quedaba incompleto. Adán necesitaba una *buena ayuda* ver Génesis 2:18.

La palabra hebrea para "ayuda" es *ezer.* Se emplea 19 veces en el Antiguo Testamento: tres veces para mujer y 16 veces para Dios. Dicho de otro modo, Dios no estaba buscando solamente a alguien con quien Adán se pudiera reproducir. Él estaba buscando a alguien que pudiera tener intimidad con Adán. Dios resolvió el problema poniendo a dormir a Adán y sacando a la mujer del cuerpo del hombre. Así Dios, literalmente partió a Adán por la mitad para que este fuera incompleto sin su mujer. La necesidad de Adán para que la mujer lo completara fue tan poderosa que Dios profetizó inmediatamente: "…por eso el hombre dejará a su padre y a su madre, y se unirá a su mujer, y los dos se fundirán en un solo ser". Génesis 2:24

Adán y Eva disfrutaron una vida completa en el Edén y caminaron con el Señor desde cuando la mañana comenzaba a refrescar. Imagínese a Adán y Eva disfrutando la luz de las estrellas por las noches. Pero por desgracia, esta vida de intimidad con Dios no duró mucho tiempo. Desobedecieron a Dios cuando le creyeron al diablo. Esto los llevó a comer del único árbol frutal de todo el Huerto del que Dios les había prohibido comer. En resumidas cuentas, después de desobedecer, por primera vez, tanto Adán como Eva comprendieron que estaban desnudos y se escondieron del Señor cubriéndose con hojas de higuera. Esta es la manera como el hombre reacciona ante el pecado: ¡escondiéndose! Poco después fueron sacados del huerto y dejados a su suerte entre los peligros de su naturaleza pecaminosa.

Por qué nos escondemos

Quiero sacar algunas cosas importantes a la luz de esta historia. Nos comenzamos a esconder, como Adán y Eva, desde aquel día en que se introdujo el pecado en nuestra vida. Una vez que el pecado echa raíces, comienza a dañar la parte más importante de nuestra vida: *la intimidad con Dios y con los demás*. El día que Adán y Eva desobedecieron a Dios fue el primer día que ya no se sintieron aceptados. Así supieron que estaban desnudos. ¡Qué revelación tan interesante! El pecado de la desobediencia les quitó el velo de la inocencia. El nivel de intimidad con Dios fue severamente dañado por el pecado que había entrado en el corazón del hombre. Y por los últimos 2.000 años el pecado sigue siendo el ataque más grande a la intimidad del hombre con Dios.

He escuchado algunas personas decir todo el tiempo en los círculos cristianos: "Dios es todo lo que necesitamos". Ahora entiendo lo que tratan de decir; pero la verdad es que necesitamos más que a Dios: también necesitamos a nuestros semejantes porque fuimos creados *para vivir en sociedad*. Es exactamente por eso que Dios se asoció con Eva y Adán. En otras palabras, tanto Adán como Eva necesitaron a Dios para relacionarse correctamente. Estamos sedientos de afecto cuando no tenemos otras personas que ingresen a nuestra vida. Dios es nuestra fuente de amor, identidad, seguridad, protección y provisión, tal como lo explicamos anteriormente. Sin embargo, el papel que las personas desempeñan en nuestra vida es cumplir la función de "compañía." Recuerde que fuimos creados para vivir "en compañía".

¿Qué significa eso? Significa que las personas son su fuente de compañía porque le dan sentido de pertenencia, un sentimiento conocido y comprendido, una sociabilidad, diversión y muchas cosas más. Las personas también hacen otras cosas como traer inspiración a nuestra vida; nos recuerdan quién somos y están a nuestro lado en los momentos más difíciles. Nunca fuimos creados para vivir aislados, ni para sólo necesitar a Dios. Él nos creó para vivir unidos a Él, pero en comunidad con otros seres humanos.

La definición de la verdadera intimidad

La intimidad se puede definir como "poder ver sin mentiras dentro de mí". Es la capacidad de abrirse y permitir que otras personas a nuestro alrededor conozcan lo que realmente pensamos y sentimos. La intimidad no consiste sólo en tener el corazón en la mano, sino en entregarles nuestro corazón a las personas que más queremos. Es en este estado vulnerable donde podemos recibir la plenitud del amor.

> LA INTIMIDAD NO ES SÓLO TENER EL CORAZÓN EN LA MANO, SINO ENTREGARLES NUESTRO CORAZÓN A LAS PERSONAS QUE MÁS QUEREMOS. ES EN ESTE ESTADO MÁS VULNERABLE QUE PODEMOS RECIBIR LA PLENITUD DEL AMOR.

Hablé anteriormente en este capítulo acerca de llegar hasta Dios, tal como usted es, para que pueda recibir de Él el amor que tiene para ofrecerle. El mismo principio se aplica a las personas amadas: si usted le muestra a alguien lo que hay en su corazón, independientemente de lo que sea, y esa persona lo ama y lo acepta, entonces usted ha experimentado el amor incondicional, el mismo tipo de amor que Dios tiene por usted.

Sin la intimidad no tenemos forma de satisfacer otras necesidades. Este fue el dilema de John. Él nunca pudo sentirse amado y aceptado por las personas a su alrededor porque él nunca fue honesto con ellas. La deshonestidad nos encierra en paredes de cristal y nos aísla del afecto que tanto necesitamos.

La intimidad falsa

Enseñaba una clase sobre discipulado hace algún tiempo. Durante una de las sesiones de preguntas y respuestas, un estudiante me preguntó: ¿Si le pudiera dar al mundo una sola cosa, cuál sería?" Yo le respondí, después de pensar un rato: "Si le pudiera dar al mundo algo valioso, le daría a cada persona la capacidad de vivir una vida de intimidad".

Nuestro mundo está sediento de ser amado. Es por ello que la pornografía y la prostitución son dos de las más grandes industrias del mundo. La pornografía es una forma falsa de la intimidad. He encontrado que la mayoría de las personas que luchan con la pornografía tienen problemas importantes de intimidad. La pornografía les proporciona una sensación momentánea de intimidad sin correr el riesgo de ser rechazados. Esta industria sigue creciendo por nuestra falta de comprensión y nuestra incapacidad para revertir el daño que crearon las generaciones anteriores.

NUESTRO MUNDO ESTÁ SEDIENTO DE SER CONOCIDO Y AMADO. ES POR ELLO QUE LA PORNOGRAFÍA Y LA PROSTITUCIÓN SON DOS DE LAS MÁS GRANDES INDUSTRIAS DEL MUNDO. LA PORNOGRAFÍA ES UNA FORMA FALSA DE LA INTIMIDAD.

En los años sesenta y setenta, el mundo juvenil se rebeló contra una sociedad que había tratado de amoldarla a ciertas "reglas". Los jóvenes estaban cansados de la tradición y la religión. El mundo lanzó gritos contra algunos temas de la reforma, cantando: "Todo lo que necesitamos es amor". El amor libre era el lema del momento. Los niños de todo el mundo vivían ese estilo de vida fiestero y explotaban su libertad al máximo. Las normas restrictivas de los años cincuenta dejaron a la generación joven sedienta de libertad, de amor y de aceptación incondicional. Sin embargo, el amor y la aceptación que la juventud trató de generar en los años sesenta y setenta sólo dejó a las personas más deshechas y confundidas que al comienzo.

Entregar la parte más visible de nosotros mismos a cualquiera que lo desee sólo nos deja quebrantados al final.

Los niveles apropiados de la intimidad

Aunque eran válidas las necesidades de los jóvenes que nacieron en la época del "boom demográfico", esas tácticas de falsa libertad fueron al final perjudiciales para ellos. Lo que no lograron entender ni proteger fue que *hay en realidad diferentes niveles de intimidad*. Y la intimidad no se debe repartir a todo el mundo en el mismo nivel.

Esta es realmente la única manera en que la intimidad permanece valiosa y nos mantenemos seguros. El nivel de intimidad que tenemos con una persona *debe coincidir siempre con el nivel de compromiso de esa persona*. Por ejemplo, en una relación de noviazgo, es común que las parejas se besen, se manoseen o incluso tengan relaciones sexuales antes de que hayan hecho *el compromiso mutuo*. Usted se puede imaginar lo que ocurre si se entrega sexualmente a alguien y al día siguiente esa persona no tiene nada que ver con usted. Esa persona le puede decir: "Yo no tengo compromiso con usted". Lo único que le deja esa entrega sexual es un montón de dolor y un corazón destrozado.

La falta de compromiso se ha convertido en algo increíblemente peligroso porque algunas personas no han entendido cómo fijar los límites de la intimidad. En todas las relaciones, ya sea con un amigo o amiga, asegúrese de que su nivel de compromiso coincida con su nivel de intimidad.

Qué respalda la intimidad: La confianza

La confianza es el fundamento de la verdadera intimidad. La confianza se construye a través de la mutua entrega con mucha sinceridad, sabiendo que la otra persona conoce sus necesidades y quiere ayudarle a llenarlas adecuadamente. La confianza no se construye evitando errores ni ocultando nuestros defectos. Para construir confianza con otra persona debemos primero limpiar nuestro desorden. Esto significa que debemos conocermos "tal como somos", con nuestras debilidades y fortalezas. No hay nadie que sea perfecto en este mundo, de modo que siempre cometemos errores en nuestras relaciones. Sin embargo, si tratamos nuestros errores con honor e integridad, lo que realmente se genera es una mayor confianza en nuestras relaciones.

Leí una vez un libro sobre negocios donde el autor hizo muchas encuestas sobre este mismo tema. Él encuestó clientes de todo Estados Unidos dividiéndolos en tres categorías: en la primera categoría había personas que tuvieron negocios con una determinada empresa y nunca tuvieron problemas con ella. El segundo grupo de personas eran clientes que tuvieron algún problema con la empresa pero esta había solucionado satisfactoriamente el problema. La tercera clase de personas eran clientes que tuvieron un problema con cierta empresa, pero el dilema no fue resuelto. Sorprendentemente, lo que descubrió el autor en su encuesta fue que "los clientes más leales fueron las personas que tuvieron algún problema con la empresa", y por eso lo resolvió a satisfacción.

Si aprendemos cómo limpiar nuestro desorden y subsanamos los errores con las personas con quienes nos relacionamos, construiremos relaciones leales de confianza.

Entrenamiento táctico para manejar la intimidad

El temor a la intimidad no se desvanece de alguna manera por si mismo. No es como si usted se despertara un día dispuesto a compartir lo más profundo de su corazón con las personas que lo rodean. Pero lo que descubrí es que si se pueden aprender buenas aptitudes para comunicarse y así contrarrestar el temor que siente a menudo en las relaciones íntimas.

Esto es muy parecido a alistarse en el ejército y al día siguiente ser conducido al fragor de la batalla. Cualquiera de nosotros estaría horrorizado. Sería aterradora la idea de incluso planear una maniobra táctica o salir del búnker. Sin embargo, si nos entrenamos en tácticas militares durante varios meses, estaremos listos para la batalla. Si nos entrenamos para la guerra todavía tendremos miedo, pero las habilidades que recibimos del entrenamiento ayudarán a vencer nuestro temor y crearán confianza en nosotros.

SI PUEDE APRENDER BUENAS APTITUDES PARA
COMUNICARSE, PUEDE CONTRARRESTAR EL TEMOR QUE
SIENTE A MENUDO EN LAS RELACIONES ÍNTIMAS.

Desarrollar habilidades sinceras de comunicación es el primer paso para vencer el temor a la intimidad. Aprender a expresar lo que ocurre en su interior es especialmente importante cuando las cosas salen según lo planeado. Hablaremos más sobre la comunicación en el siguiente capítulo. Le recomiendo que practique el desarrollo de sus habilidades con las personas que son fiables. Cuando esté en las etapas iniciales de la superación del dolor, no será el momento de ir y practicar las nuevas habilidades con la gente al azar. Usted necesita encontrar a una o varias personas (puede ser un grupo de la iglesia local), que le puedan ayudar a caminar en este nuevo estilo de vida de transparencia. Lo que va a descubrir es que, más personas de lo que usted cree han atravesado por el dolor de la confianza rota, la traición y las relaciones quebrantadas. ¡Sin embargo, a medida que aprenda a vivir una vida victoriosa, su avance se convertirá también en el avance de ellos!

12

Un nuevo estándar

S i yo (Kris) soy honesto conmigo mismo, hay algo dentro de mí (en el interior de cada uno de nosotros) que dice: "¡La persona que meta la pata merece ser castigado!". Uno de los problemas con esta manera de pensar es que comenzamos a definir a las personas según sus errores, en lugar de definirlas por el origen del que los creó. Recuerde que fuimos creados a imagen de Dios. Una persona que miente actúa siempre como un mentiroso. Una persona que se emborracha se llama alcohólica. Las prostitutas, los adúlteros, los pornógrafos y los asesinos son los "apodos" que les damos a esas personas según su pecado. Por eso no podemos verlos a través de la lente de la misericordia de Dios.

El segundo problema es que asociamos el pecado de las personas con su identidad, o calificamos a alguien según su actuación. Por eso nos sentimos autorizados para castigarlos. Por ejemplo, escucho a menudo en la iglesia a alguien que se refiere a otra persona como una "Jezabel" o un "Judas". Desde el momento en que designamos a alguien como un enemigo, ya no queremos reconciliarnos con él. Así nos estamos armando para excomulgarlos de nuestro círculo de relaciones. De esta manera los lazos del amor se quedan en casa y las armas de la guerra se llevan al banquete de la amistad. Recuerde que nuestro deber cristiano es "rechazar el pecado" y no al pecador.

La creación de una cultura de recompensa

Identificar a las personas por sus pecados crea una cultura de condenación donde las reglas matan la amistad y nuestra propia justicia triunfa sobre el amor. En esta "cultura" se vuelve más importante tener razón que tener amistad. ¿Me explico?

Si usted examina la mayoría de nuestros sistemas sociales encontrará algunas estructuras que son establecidas "para castigar" a las personas. Nos hemos convertido en una sociedad basada en reglas en lugar de ser una sociedad basada en el amor. La "redención", la "reconciliación" y la "recompensa" son a menudo palabras vacías en nuestra cultura. Por ejemplo, cuando usted ve una patrulla de policía que lo sigue, inmediatamente mira el velocímetro para asegurarse de que no está sobrepasando el límite de velocidad porque entiende que el oficial está encargado de multarlo si hace algo malo. Usted entiende que lo castigan si hace algo malo pero no lo premian si hace algo bueno. ¡Cuál es la diferencia?

SI USTED EXAMINA LA MAYORÍA DE NUESTROS SISTEMAS SOCIALES, ENCONTRARÁ ESTRUCTURAS QUE SON ESTABLECIDAS PARA CASTIGAR A LAS PERSONAS. NOS HEMOS VUELTO UNA SOCIEDAD BASADA EN REGLAS EN LUGAR DE UNA BASADA EN EL AMOR.

¿Se puede imaginar un mundo donde los policías estén encargados, como su primera prioridad, de recompensar a la gente porque hace las cosas bien? Podría ser algo como esto: Usted mira por su espejo retrovisor y ve por detrás a un policía de carreteras con la luz encendida. Usted mira su velocímetro para asegurarse de que está conduciendo por debajo del límite de velocidad. Una emoción comienza a surgir en usted a medida que se abre camino hacia el arcén de la autopista. Entonces el oficial se acerca a la ventana de su auto, sonriendo, y le dice: "Lo he estado siguiendo durante varios kilómetros y me di cuenta de lo bien educado y seguro que usted conduce. Aquí tiene dos entradas para la supercopa de fútbol el sábado próximo. ¡Espero que la pase fenomenal!

Este ejemplo puede parecer una locura, pero es bienvenido a la forma de pensar en el Reino de Dios. El día en que recibimos a Cristo fuimos transferidos del reino de las tinieblas al reino de Dios. Dejamos atrás la cultura del castigo e ingresamos al Nuevo Mundo de las recompensas. El Señor reiteró esta verdad una y otra vez en la Biblia. De hecho, Jesús termina diciendo en el último capítulo de la Biblia: "He aquí, yo vengo pronto, y mi recompensa está conmigo para recompensar a cada uno según sea su obra. Apocalipsis 22:12, *LBLA*.

¿Y qué de la redención?

El espíritu religioso de algunas personas prefiere proteger las reglas en lugar de proteger las relaciones. El Nuevo Testamento nos dice que los fariseos regañaban constantemente a Jesús por romper las reglas. Él hacía eso porque prefería a las personas. Los fariseos se salían de quicio cuando Él sanaba a alguien el día de reposo. Entonces Jesús les recordaba: "El día de reposo se hizo para el hombre, y no el hombre para el día de reposo". Marcos 2:27, *LBLA*

Las reglas, las leyes y las políticas deben servir siempre a los propósitos redentores de Dios. Siempre que la sociedad exige que las personas sirvan a las reglas (por encima de la gente), el resultado es siempre la crucifixión. El sistema carcelario estadounidense, en muchos aspectos, se ha vuelto un ejemplo de una *cultura de castigo* y no de redención. El objetivo de la mayoría de nuestros jueces es castigar a los criminales en vez de rehabilitarlos.

Quiero dejar bien claro aquí que, cuando las personas no se pueden controlar ellas mismas internamente, la sociedad está obligada a controlarlas externamente, con el fin de que la sociedad pueda permanecer sana y salva. Para eso son las reglas. Pero cuando hacemos que nuestro trabajo sea castigar a las personas por sus pecados, perdemos de vista el papel principal de la sociedad de redimir y restaurar a las personas. Entonces creamos una civilización disfuncional porque creemos que los pecadores necesitan ser castigados en lugar de ser redimidos, y que el pecado exige la separación del resto de la sociedad. Desde luego, las estructuras de castigo siempre son creadas en ausencia de la conciencia y de nuestra propia necesidad de la redención y perdón de Dios. Me parece curioso observar cómo algunas personas, estando en necesidad de tanta misericordia, pueden ser tan crueles con su prójimo.

Reconstruir la confianza

Uno de los grandes desafíos en la construcción de una *sociedad redentora* es la pregunta de cómo ayudamos realmente a reconstruir la confianza y a restaurar las relaciones rotas. Todos somos conscientes de que sin la intervención sobrenatural de Dios, el cambio es un proceso difícil que requiere cantidades desconocidas de tiempo y paciencia. Desde luego, no podemos cambiar el modo de ser de otra persona pero podemos crear un ambiente que facilite el *proceso redentor* para ayudar a esas personas que estén en medio de su metamorfosis.

Un amigo mío es un gran ejemplo de alguien que introdujo el pecado a su hogar lleno de niños a través de una adicción de 40 años a la pornografía y luego tuvo un encuentro con Dios quien lo perdonó. Como usted se puede imaginar, este hombre encontró mucha resistencia de parte de su familia que había deseado que cambiara pero le resultaba difícil volver a confiar en él. Puesto que el pecado afecta tan profundamente a otros, la primera reacción que el pecador encuentra en el camino a la restauración es generalmente *el temor al rechazo.*

Durante mucho tiempo la familia de este hombre había tratado de evitar que su comportamiento tóxico los destruyera a todos. Así que, cada miembro de su familia construyó un sistema de defensa contra él, en el punto donde él les generó dolor. Por eso lo rechazaron. Aquí es donde la cosa se complicó: mi amigo ya no vive en el pecado de la pornografía, pero como lo hizo por tanto tiempo e hirió profundamente a su esposa e hijos, la antigua forma de verlo está grabada en sus mentes. En otras palabras, ellos no lo pueden perdonar.

De manera comprensible, y con el paso del tiempo, la esposa de mi amigo se convirtió en el verdugo más cruel. Ella fue la primera en condenar su pecado y sus hijos la siguieron. ¡Pero él ya no es el hombre que todavía se imaginan! Así que, ¿qué va a hacer ahora? Su esposa todavía desempeña el papel de verdugo y sus hijos están todavía distanciados, a pesar de su cambio de corazón y de su arrepentimiento completo.

Estas son las circunstancias en que la mayoría de los pecadores deciden que el cambio es demasiado difícil y vuelven a caer en el problema de su antigua vida: mi amigo ha vuelto a ser insensible al trato de "la esposa verdugo" pues ella continúa acusándolo para que mantenga el espíritu de víctima. Si este hombre alguna vez va a cambiar esa situación tendrá que aprender a amar de otra manera y perdonarse a sí mismo. También tendrá que recuperar el lugar de "padre" para sí mismo en el hogar. ¿Cómo puede lograr todo esto?

El punto de vista de Dios sobre la restauración

En 2 Samuel, capítulos 11-12, encontramos una de las acciones más desconocidas del carácter de Dios cuando el hombre cae en pecado.

Nos encanta pensar sobre las historias heroicas del rey David cuando mató un león y un oso sin tener un arma. También mató un gigante con sólo una honda y una piedra. Por eso David es la envidia de todos los jóvenes. Sin embargo, este rey llamado "el hombre conforme al corazón de Dios" cometió adulterio y asesinó a un amigo. Si usted no está familiarizado con esta historia, es algo como lo siguiente:

David se quedó en la casa, en una época cuando los reyes tenían que ir a la guerra. Ese fue su primer gran error. *El lugar más seguro en el mundo para nosotros es el que nos señala la voluntad de Dios.* Estamos más seguros en un campo de batalla con Dios que en un palacio fortificado sin Él. Cierto día, David observó a una mujer que tomaba un baño y envió mensajeros para que la trajeran. David tuvo relaciones sexuales con la esposa de su mejor amigo.

Cuando supo que ella estaba embarazada llamó a su esposo, Urías, sabiendo que si Urías no tenía relaciones sexuales con su esposa sería descubierta la relación adúltera de David. En resumidas cuentas, Urías se negó a dormir con su esposa por lealtad a su rey. Finalmente David envió a Urías al frente enemigo para que lo mataran, y así sucedió. Posteriormente la mujer se casó con el rey y se mudó al palacio, pero su hijo murió pronto. El rey David se arrepintió de su pecado y se postró delante de Dios con humildad. Finalmente Dios lo perdonó.

Esta historia demuestra *la naturaleza redentora de Dios.* La vida de David es una imagen de tragedia y triunfo. Para mí, la parte más bella de la historia es la actitud increíble de Dios de tomar una situación horrible para llevar a cabo sus propósitos. A pesar de estos horrendos pecados, el rey David se enumera en la línea de ascendientes directos de Jesús de Nazaret, ver Mateo1:1; 9:27; 20:30; Marcos 10:47; 12:35; Lucas 6:3; 18:38; 2 Timoteo 2:8; Apocalipsis 22:16.

La vida del rey David se lee a veces como una novela, pero en sus páginas hay esperanza para cualquiera que haya pecado miserablemente y después haya vivido en arrepentimiento. Para aquellos de nosotros, que como David, hemos pecado y tomado decisiones destructivas que le han causado mucho daño a otros, tenemos que saber que nunca podemos caer tan lejos que Dios no nos pueda encontrar, ni caer tan rápido que Dios no nos pueda alcanzar.

> PARA AQUELLOS DE NOSOTROS, QUE AL IGUAL QUE DAVID, HEMOS TOMADO DECISIONES DESTRUCTIVAS QUE LE HAN CAUSADO UN COSTO A OTROS, TENEMOS QUE RECORDAR QUE NUNCA PODEMOS CAER TAN LEJOS QUE DIOS NO NOS PUEDA ENCONTRAR.

Y para aquellos de nosotros que somos los destinatarios de las malas decisiones de otra persona, esta historia revela también el corazón de Dios hacia las personas que nos destruyen. Mucho tiempo después de que hayamos perdido la esperanza, el Señor está todavía allí extendiendo su mano de misericordia y gracia a las personas como nosotros que no lo merecemos.

Eso no quiere decir que está bien que las personas vivan de manera pecaminosa, destruyendo la vida de los que los rodean. El pecado mismo tiene una forma de destruir el alma de una persona. Si miramos con atención algunas experiencias de nuestra propia vida veremos que el pecado no arrepentido destruye de manera lenta pero segura al pecador. Permítame aclarar que un aborto o la pérdida de un ser querido no significan necesariamente que esto haya ocurrido por un pecado que cometimos. Todos sabemos que a veces ocurren cosas malas a personas muy buenas.

¿Con quién se identifica usted?

Muchos de nosotros no nos identificamos con la vida del rey David. Somos demasiado débiles para enfrentarnos a un gigante, demasiado modestos para asociarnos con la realeza, y tal vez carecemos de la bondad que dice que somos una persona "conforme al corazón de Dios". Somos gente sencilla que tropezamos en la vida, que hablamos palabras necias y que nunca tenemos la respuesta correcta. Nuestra norma de vida es ser impulsivos, impacientes y egoístas. Para nosotros no hay ningún palacio, ni procesiones reales, ni victorias famosas. Nunca fuimos el niño preferido de la profesora, ni la opción del entrenador, ni el jugador con mejor desempeño. Nunca hemos sido la reina de la fiesta de graduación, ni hemos ganado el concurso de belleza, ni hemos recibido un Premio Grammy.

Somos gente común. El mundo está lleno de gente "común" como nosotros. Nuestros héroes son los desvalidos y rechazados. Apoyamos a los desposeídos y quebrantados.

EL MUNDO ESTÁ LLENO DE GENTE COMO NOSOTROS.
NUESTROS HÉROES SON LOS DESVALIDOS Y
RECHAZADOS. APOYAMOS A LOS DESPOSEÍDOS Y
QUEBRANTADOS.

Bienvenido a la vida de Pedro.

Al apóstol Pedro se le muestra como un hombre sencillo durante la mayor parte de su vida. Él encarna la definición de ser socialmente humilde y espiritualmente disfuncional. Sin embargo, el Señor Jesús amó a Pedro tal como era, y lo aguantó pacientemente. Él confrontó su necedad, a la vez que lo animó en cuanto a su futuro como "piedra" de la iglesia.

A diferencia de David, Pedro no era un guerrero valiente. Él incluso negó a Jesús cuando una niña lo confrontó por ser un discípulo de Cristo. La mayoría de nosotros vería esto como el pecado máximo. Según nuestros estándares, probablemente diríamos que Pedro había perdido su fe (porque negó a Jesús) y no se debería volver a confiar en él. Pero Jesús tuvo otros planes para Pedro. Observe usted este diálogo:

Cuando terminaron de desayunar, Jesús le preguntó a Simón Pedro:

—*Simón, hijo de Juan, ¿me amas más que éstos?*

—*Sí, Señor, tú sabes que te quiero —contestó Pedro.*

—*Apacienta mis corderos —le dijo Jesús.*

Y volvió a preguntarle: —Simón, hijo de Juan, ¿me amas?

—*Sí, Señor, tú sabes que te quiero.*

—*Cuida de mis ovejas.*

Por tercera vez Jesús le preguntó: —Simón, hijo de Juan, ¿me quieres?

A Pedro le dolió que por tercera vez Jesús le hubiera preguntado: «¿Me quieres?» Así que le dijo: —Señor, tú lo sabes todo; tú sabes que te quiero.

—*Apacienta mis ovejas —le dijo Jesús—. Juan 21:15-17*

¿Qué estaba haciendo Jesús en este intercambio de palabras? (Recuerde que Pedro negó a Jesús tres veces.) ¡Jesús le estaba dando a Pedro una oportunidad de arrepentirse por cada vez que él lo había negado! También le estaba diciendo a Pedro: "¿Vas a proteger las cosas que son más importantes para mí? ¿Vas a proteger mi corazón?".

Se podría pensar que Jesús debería haberle dicho: "Pedro, usted tiene unos cimientos podridos. No puedo construir una iglesia santa con líderes como usted". O quizás debería haberle dicho algo como esto: "Usted necesita un año sabático, Pedro, algún tiempo libre para asegurarse de que su compromiso conmigo es puro".

Pero en cambio, Jesús le dijo: "Yo también te digo que tú eres Pedro, y sobre esta roca edificaré mi iglesia; y las puertas del Hades no prevalecerán contra ella". Mateo 16:18, *LBLA*. Con estas palabras le reforzó a Pedro que él había sido aprobado ante los ojos de Dios.

La difícil situación de Pablo

Un ejemplo aún más grande de la gracia abundante de Dios es la historia del apóstol Pablo, la cual se encuentra en el libro de los Hechos. Sin entrar en mucho detalle, antes de que el apóstol Pablo fuera rescatado en el camino a Damasco fue una pesadilla para el mundo cristiano porque andaba matando a aquellos que predicaban las buenas nuevas de Jesucristo. Pablo tuvo un encuentro con el Señor cuando todavía era un asesino. Pero por la gracia de Dios fue totalmente librado de su pasado y se convirtió en uno de los más grandes apóstoles en la historia del cristianismo ver Hechos 9. Pablo escribió más de la mitad del Nuevo Testamento y su vida es un monumento al poder redentor de Cristo.

El amor perfecto echa fuera el temor

Bien, a estas alturas es probable que usted se haya dado cuenta de que Dios no trata de castigarlo por sus pecados. En realidad, Su gracia lo restaura de nuevo al estándar de gloria que él le prometió a la *Esposa de Cristo, la Iglesia*. Pero para que haya salud en toda relación, esta debe estar libre del temor al castigo. Mientras usted tenga miedo de ser castigado por sus pecados, el amor a Dios va a estar ausente de sus relaciones. ¡La Biblia dice que "en el amor no hay temor, sino que el perfecto amor echa fuera el temor, porque el temor involucra castigo, y el que teme no es hecho perfecto en el amor 1 Juan 4:18, *LBLA*! Si esto es cierto, entonces también es cierto que "el perfecto temor echa fuera el amor".

Volvamos a la pregunta que le hice a mi amigo que sufría de adicción a la pornografía: ¿Qué puede hacer un hombre que trajo tanto dolor a sí mismo y a su familia? Sólo hay realmente una cosa que le permitirá volver la relación correcta, y esta es, *un nuevo modo de amar creado por su verdadero arrepentimiento*. Si su cónyuge fue el verdugo y usted ya se ha arrepentido, no está bien que él o ella lo sigan castigando. Recuerde que el amor echa fuera el temor.

¡SI SU CÓNYUGE FUE EL VERDUGO Y USTED SE HA ARREPENTIDO, NO ESTÁ BIEN QUE ÉL O ELLA LO SIGA CASTIGANDO!

He aquí un ejemplo tomado de mi propia vida. Recuerdo una época cuando todos nuestros hijos eran adolescentes. Un día me enojé con Kathy delante de ellos y la traté irrespetuosamente. Poco después vino el arrepentimiento. Al día siguiente los reuní a todos en la sala y le pedí perdón a Kathy y a cada uno de los niños. Todos lo aceptaron y continuamos normalmente con nuestro día. Una semana más tarde, uno de nuestros muchachos fue a la cocina y comenzó a hablar sarcásticamente a Kathy. Entré y le dije que él no tenía permiso de hablarle a su madre de esa forma.

Entonces él me dijo: "¡Tú mismo fuiste grosero con mamá el otro día!".

Yo le respondí: "Sí, es cierto; pero yo les pedí perdón y todos ustedes me lo aceptaron. ¿Sabes qué significa el perdón? El perdón restablece la relación, tal como estaba antes de la ofensa. Cuando tú me perdonaste, cediste tu derecho a actuar de la misma manera porque tu perdón me restableció a un lugar de honor. Además, yo me arrepentí sinceramente. El arrepentimiento significa ser restaurado al lugar más alto".

Después de haber entendido mi respuesta mi hijo le pidió perdón a su madre y ella lo perdonó. ¡Así es el corazón de Dios!

Si no entendemos este principio de la restauración otorgada por el perdón, entonces el peor error o la ofensa más pequeña que hayamos hecho se convierte en nuestro punto débil. Por ejemplo, si usted fue inmoral en su época de adolescente y más tarde en la vida tiene hijos adolescentes, usted no va a tener la confianza para corregirlos por sus malas decisiones sexuales porque usted mismo falló en esa área.

Los fracasos de los cuales nos hemos arrepentido ya no son el estándar al que debemos someternos. Cuando le pedimos perdón a Dios y a los que hemos herido, somos devueltos al lugar alto que Dios nos asignó. Si no es así, el peor día de nuestra vida se convierte en el lugar donde creemos que tenemos el derecho de guiar a otros. La verdad es que el perdón restaura el estándar de santidad en nosotros.

Los asuntos del corazón

La *Versión Reina-Valera* del Salmo 32:8 dice: "Te haré entender, y te enseñaré el camino en que debes andar; sobre ti fijaré mis ojos". Esta es la declaración poderosa del Ser más poderoso. ¿Alguna vez ha pensado por qué hace usted las cosas que hace?

¿Por qué le sirve al Señor y vive una vida según ciertos estándares? ¿Se debe acaso a lo que le enseñaron sobre usted desde la infancia? ¿O tal vez a los libros y películas que lo impactaron realmente?

Usted ha errado el tiro si sus razones para servir al Señor y dar su vida por Él son algo diferente al amor. Sólo *el amor* es la razón válida. El Señor Jesús dijo: "Muchos me dirán en aquel día: 'Señor, Señor, ¿no profetizamos en tu nombre, y en tu nombre expulsamos demonios e hicimos muchos milagros?'. Entonces les diré claramente: 'Jamás los conocí'". Mateo 7:22-23 ¿Por qué Jesús no los conoció? La razón es porque mientras trabajaban para Dios, no estaban con Dios. Alguien dijo una vez: "¡lo importante es mantener lo más importante de tal manera que siga siendo lo más importante!". Y lo único importante es el AMOR.

¿Qué tiene que ver esto con la restauración de las relaciones? Cada vez que nuestras relaciones íntimas se centren en *hacer lo correcto* en lugar de *tener un corazón correcto*, el resultado va a ser una desconexión sentimental. Cuando Dios dijo que Él nos guiaría con su ojo quiso decir que debemos permanecer con Él para ver lo que Él ve. También tenemos que preocuparnos por entregarle nuestro corazón para sentir la compasión que Él siente por los demás. En caso de que no lo haya notado, Dios no nos va a obligar a tomar buenas decisiones; Él no va a utilizar tácticas represivas para que tengamos una relación correcta con Él. Dios no nos obliga a tener una relación íntima con Él porque para eso nos dio "el libre albedrío".

Mi amigo, el que sufrió con la adicción a la pornografía, debe respetar el estándar de Cristo en su casa, lo cual significa que no habrá castigo por parte de su esposa e hijos, y también debe lograr que su enfoque principal sea la intimidad con su familia. ¡Así como el Señor Jesús dialogó con Pedro, de la misma forma su familia necesita entender que Dios va a proteger el corazón de ellos! Si el corazón de todos los de su familia no influye en las acciones y actitudes de este hombre, la relación con él continuará siendo perjudicada. La conexión con su familia es la mejor motivación para su restauración. ¿Está claro?

No estoy hablando de las personas que lo han echado a perder; estoy hablando de las personas que han sido abusadas, como yo lo fui. Los mismos principios son aplicables a nosotros. Una vez que la persona se ha arrepentido y cambia su manera de pensar, usted tiene que buscar a esa persona para que su objetivo principal sea hacer juntos la restauración. Si usted no permite que la persona restaure todo lo que ha destruido, y no vea a esa persona a través de los ojos de Dios, entonces usted va a sentenciarla por sus errores pasados con sus juicios y en últimas ambos estarán condenados a la destrucción.

El restablecimiento de los límites

El restablecimiento de los límites en su vida significa que usted aprenderá a amarse a sí mismo y a los demás de tal manera que esta actitud le promueva la salud. Ya lo he dicho muchas veces, pero la única relación que puede tener ahora es aquella que no incluya el temor al castigo.

Ahora, si usted cometió un pecado que afectó a muchas personas, entonces va a pasar una buena cantidad de tiempo arrepintiéndose delante de Dios y pidiéndoles perdón a todas las personas que ofendió. Habrá personas que se le acerquen un año más tarde y le digan: "Todavía me causa dolor aceptar lo que hizo". Pero aún no es el momento de responderles: "¡Bien, soy una persona que cambió, así que debe mirarme como una persona arrepentida!". Todavía está usted en el momento de regresar al lugar del arrepentimiento y mencionar el perdón, si eso es lo que ellos necesitan.

Me doy cuenta de que esto puede ser realmente difícil porque a menudo se trata del cónyuge o de un hijo que no puede sobreponerse a ello y trae continuamente el tema a colación, negándose a cambiar la manera que él o ella lo ven. En últimas, él o ella no buscan la restauración de la relación sino la justicia por medio del castigo. En este caso, usted tiene que hacerle saber a esa persona que sus sentimientos y su dolor son válidos, pero la única manera de restaurar la relación es extendiéndole el mismo perdón que Jesús les extendió a los dos.

Al restablecer sus límites es importante que usted no envíe un mensaje imponente de que, así como Jesús lo perdonó, usted ahora está libre para actuar como quiera. Por el contrario, el mensaje que usted quiere enviar es que usted sabe que sus acciones y decisiones causaron mucho dolor, pero luego descubrió los problemas que causaron que usted se comportara de la manera que lo hizo, y ahora va a proteger el corazón de él ó ella y ya ha sido perdonado. Esto cambió su manera de pensar.

AL RESTABLECER SUS LÍMITES, ES IMPORTANTE QUE USTED NO ENVÍE UN MENSAJE IMPONENTE DE QUE COMO JESÚS LO PERDONÓ, USTED AHORA ESTÁ LIBRE DE ACTUAR COMO QUIERA.

Los viejos hábitos tardan en morir. En la restauración de los límites y el estándar de su vida tendrá que ser paciente con el entorno a su alrededor mientras que las personas ofendidas luchan por confiar de nuevo en usted y verlo de manera diferente.

¡La buena comunicación es la reina!

Trabajé con mi amigo (el antiguo adicto a la pornografía) durante meses, ayudándole a salir del papel de "víctima" y ser el destinatario del castigo de su familia. Le enseñé a comunicarse con ellos para que la forma en que ellos hablaban con él y la forma en que lo trataban no se sintiera como un castigo. También le enseñé que su familia tenía temores y necesidades muy reales que él debía cuidar. Por lo tanto, cuando su esposa comenzaba a "castigarlo", él tenía el permiso de detenerla y decirle: "Me siento castigado… ¿Hay alguna manera en que puedas expresar de otro modo esa declaración, o hay algo que necesites de mí sin menospreciarme?".

Una y otra vez él tendría que adoptar una posición nueva mientras que el corazón de ella fuera una prioridad. Sin establecer nuevos límites él no tenía realmente ninguna forma de ocuparse de su familia. Su familia no necesitaba a un hombre quebrantado; necesitaba un hombre que se preocupara por el corazón de ellos y que les demostrara que ellos también eran valiosos.

Al principio su modo de actuar fue recibido con una gran oposición (no le creían que estaba arrepentido), porque el cambio era casi inconcebible. Su esposa había sido siempre el *verdugo* en la relación matrimonial, y él nunca había puesto un límite que impidiera el abuso de ella hacia él. Con el tiempo, y a través de muchas lágrimas, él comenzó a aprender cómo escuchar el corazón de su esposa y mantener el respeto en su casa mediante el uso de declaraciones como: "Pareces muy frustrada. ¿Hay algo que pueda hacer para ayudarte?". O, "trato de escuchar lo que dices pero cuando me condenas me dan ganas de protegerme de ti. ¿Hay alguna manera de que puedas decir lo que sientes sin que yo tenga que estar a la defensiva y pueda realmente escucharte?".

A veces, cuando su esposa se sentía muy frustrada e incapaz de cambiar la manera en que hablaba, él tenía que tratar de mantener la conversación diciendo algo como: "¿Estás tratando de decirme que...?". En definitiva, él le envió el mensaje claro de que él realmente quería escucharla y validar el corazón de ella…

pero para eso debía disminuir su ansiedad. Al mismo tiempo le
dijo que no estaba dispuesto a continuar este ciclo disfuncional
que le estaba destruyendo su vida. Pero, ¿cómo disminuir la ansiedad?

Con la práctica persistente de una buena comunicación usted puede superar su temor de quedar atrapado en su pasado y
proporcionarles a las personas ofendidas una manera de amarlo
como usted es ahora. Así ellos comprobarán su arrepentimiento
y le otorgarán el perdón. Ya sea que usted lo sepa o no, usted es
quien le enseña a las personas que lo rodean a amarlo tal como
es. Usted les enseña a los demás cómo tratarlo por la manera
como se cuida a sí mismo y por la manera en que les permite
tratarlo. Todas estas cosas son su responsabilidad. No importa
lo malo que haya sido en el pasado, el perdón de Cristo le dará
el permiso para restaurar el estándar en las relaciones con su
familia.

13

El amor es
sufrido

Era un día frío de febrero cuando Jason (mi hijo) entró en mi oficina, pálido, como si acabara de haber visto un fantasma. Yo (Kris, su padre) todavía no me había recuperado del ataque de nervios de mi hija mayor que había comenzado dos meses atrás, así que no estaba en condiciones de escuchar más malas noticias. Jason, cabizbajo, se dejó caer en mi sofá.

"Papá, creo que se acabó mi matrimonio", — dijo con los ojos llenos de lágrimas.

"¡De ninguna manera, hijo!—protesté—Dios puede arreglar cualquier cosa".

"Papá...papá, no entiendes, creo que Heather se está enamorando de otra persona".

Podía sentir la sangre corriendo hacia mi cabeza mientras luchaba contra las lágrimas que se abrían paso en mis ojos. Mi mente daba vueltas con pensamientos alocados a medida que la ansiedad vencía mi alma.

En aquel momento me pregunté: *¿Qué va a pasar con mis tres pequeños nietos si mi hijo Jason se divorcia? ¿Cómo podía traicionar a mi* *hijo una mujer a quien yo amaba como a una hija? ¿Por qué alguien que fue amada por un hombre tan increíble como mi hijo iba a elegir a otra persona como amante? Quizá debí hacerlo venir antes...*

Durante varias semanas Jason me había estado diciendo que su relación parecía que estuviera en ruinas. Sabía que ellos habían estado consultando a un consejero desde hacía bastante tiempo, pero parecía que cuanto más él buscaba una solución, más lejos ella se iba a la deriva. Mientras él hablaba, me daba cuenta rápidamente en mi oficina aquel día que Jason había llegado a un punto en su vida donde su corazón estaba tan roto que su esperanza estaba demasiado lastimada y ya no tenía nada más que dar. Su matrimonio se había desmoronado y lo único que todavía quedaba de su vida juntos yacía hecho pedazos en el suelo de mi oficina.

Nunca pensé que en realidad ocurriría de esta manera. Apenas dos meses antes, Heather se había parado en el estrado conmigo delante de un par de miles de personas, en Holanda, donde los ministró poderosamente. Ese día me pregunté: *¿Cómo pudo haber tenido una aventura amorosa y aún así ser utilizada tan poderosamente por Dios?* Las preguntas mantenían inundando mi mente mientras luchaba por consolar a mi hijo destrozado.

Me arrodillé frente a él y lo abracé. No había palabras...nada que pudiera decir que aliviara su dolor. Sólo lo abracé durante un largo rato y le aseguré que lo íbamos a superar juntos como familia.

ME ARRODILLÉ FRENTE A ÉL Y LO ABRACÉ. NO HABÍA PALABRAS...NADA QUE PUDIERA DECIR QUE ALIVIARA EL DOLOR.

Los próximos días fueron increíblemente difíciles para nosotros. Jamás experimenté antes un dolor así, a pesar de que yo tuve una infancia terrible—mi padre se ahogó cuando yo tenía tres años y tuve dos padrastros que me maltrataron seriamente—. Incluso ahora, las palabras no pueden expresar la profundidad de mi angustia a medida que los hechos se dieron a conocer en los meses siguientes.

Por la noche, Kathy y yo nos metimos agotados, tristes y abrumados en la cama mientras luchábamos por encontrar la fortaleza en Dios y en las personas que nos rodeaban. Fui a lo más profundo de mi alma para encontrar la fortaleza para mi familia, pero mi corazón estaba en franca decadencia, incapaz de animar a nadie, mucho menos a mí mismo. Permanecimos despiertos la mayor parte del tiempo hasta la madrugada, con lágrimas que fluían por nuestras almohadas formando charcos en el colchón debajo de nosotros. El dolor parecía aumentar con cada hora que pasaba. Era como una pesadilla de la cual no podíamos despertar.

El día en que Heather se marchó, Jason llamó y me preguntó si podía traer a los niños a nuestra casa para que pudiéramos contarles juntos que su mamá y su papá se iban a divorciar "Por supuesto—respondí—tráelos y hablamos juntos con ellos". Quería consolar a mis nietos y ayudar a mi hijo, pero tenía escenas retrospectivas de mis propias conversaciones con mi madre que estuvo casada tres veces.

Llegaron a mi casa veinte minutos más tarde. Se me cayó el alma a los pies al anticipar la forma en que ellos tomarían la noticia.

Nos sentamos todos en un círculo junto a la chimenea y Jason les dio nerviosamente la noticia a los niños. Elijah, que tenía ocho años en aquel momento, se levantó, corrió hacia mí y se lanzó a mis brazos y gritó llorando desconsoladamente: "¡No quiero vivir más...no quiero vivir más!". Rilie, que tenía seis años, metió su cabeza en mi hombro y lloró en silencio. Sus lágrimas empaparon mi camisa mientras luchaba por encontrar las palabras para consolarlos. Evan tenía sólo cuatro años, así que él estaba triste pero no entendía realmente las ramificaciones de la palabra "divorcio". Fue una noche de infierno...un momento que nunca olvidaré mientras viva.

La nube negra de la depresión se cernía sobre nuestra familia a medida que los días se desvanecían en semanas. Parecía como si a la vuelta de cada esquina nos esperara más dolor y angustia. A finales de Julio nos enteramos de que el hombre con quien Heather tenía una aventura amorosa había abandonado a su propia esposa e hijo para mudarse con Heather, y poco después nos enteramos de que ella estaba embarazada. Poco a poco la daga del dolor se incrustaba más profundamente en nuestro corazón a medida que se continuaba desarrollando esta pesadilla.

No pasó mucho tiempo antes de que el clima frío de la realidad comenzara a establecerse sobre Elijah de ocho años de edad, dejándolo enojado y confundido. ¿Quién puede culparlo? Estaba viendo que su madre vivía de una manera diametralmente opuesta a todo lo que le habían enseñado. En su intento por tener algún tipo de paz en su mundo interior, confrontó a Heather y a su novio, dejándoles saber a los dos que él no estaba de acuerdo con sus arreglos para dormir juntos. Pero sus palabras no fueron escuchadas y él crecía más angustiado día a día.

Entonces, cierto día, Elijah y yo íbamos juntos en el automóvil por la carretera. Él estaba más callado de lo normal y parecía estar muy preocupado. Después de haber pasado varios minutos reflexionando se volvió a hacia mí y me miró directamente a los ojos y dijo: "Abuelo...abuelo, ¿quieres a mi mamá?". Los ojos se le humedecieron mientras miraba profundamente a mi alma.

Elijah sabía qué era lo que estaba diciendo en realidad. No me preguntaba si yo quería a su madre; me preguntaba si *él* podría amar a alguien con quien estaba totalmente en desacuerdo. El tiempo se detuvo mientras yo luchaba por encontrar la respuesta correcta para los dos. Sabía la respuesta bíblica. Los versículos de las Escrituras acerca del perdón marchaban por mi mente como soldados despiadados en el campo de batalla de la verdad. Pero esta no era una clase bíblica ni una discusión filosófica; este era mi nieto que trataba de luchar por salir de la cárcel de la amargura para consolar a sus hermanos y volver a abrazar a su madre libremente.

Entonces le dije finalmente con los labios temblorosos: "Elijah, ¿qué clase de personas seríamos si sólo amáramos a las personas con las que estamos de acuerdo? Por supuesto que amo a tu madre. Soy el único padre que ella ha tenido porque ella no conoció a su papá. Siempre la voy a amar, no importa lo mal que se comporte".

Elijah dejó escapar estas lindas palabras: "¡Yo la amo también, abuelo! ¡También la amo!".

Esto fue como si alguien hubiera descorchado una botella de champaña. Su rostro se iluminó de repente y sus ojos brillaron una vez más con una vivacidad efervescente. Estaba bien para Elijah amar a alguien que le había hecho tanto daño. Ahora estaba libre de la esclavitud de tener que cambiarla a ella para amarla realmente. Tenía permiso de mostrar afecto a la persona que lo había traicionado. Podría "vivir de nuevo" y él lo sabía.

MI NIETO ESTABA LIBRE DE LA ESCLAVITUD DE TENER QUE CAMBIAR A SU MADRE PARA AMARLA REALMENTE. TENÍA PERMISO DE MOSTRAR AFECTO A LA PERSONA QUE LO HABÍA TRAICIONADO. PODÍA VIVIR DE NUEVO.

Mis nietos asistían a una escuela cristiana ubicada en el campus de la iglesia. Heather recogía a los niños un par de veces a la semana después de la escuela para ejercer su derecho a la visita. A menudo la veía esperando a que los niños salieran de clase, en su automóvil, junto a mi oficina. Fingía no darme cuenta que ella estaba allí sentada y me aseguraba de que nunca cruzáramos la mirada. Cada vez que me enfrentaba a su presencia mi alma se llenaba de sentimientos de ira, traición, odio y confusión.

Había pasado tres meses debilitantes, deprimido y ansioso, por causa de ella. Destruyó mi familia y, honestamente, la odiaba por ello. No quise reconciliarme...Quería que pagara por sus pecados...Deseaba su muerte todos los días. Por supuesto, tuve cuidado de no permitir que el monstruo saliera del sótano de mi alma. Al pensar de esta manera alimentaba al monstruo enojado en ese sótano lleno de ratas de mi corazón. Así pasé noche tras noche. No quise que nadie supiera lo intoxicado que me estaba sintiendo.

Entonces ocurrió algo inesperado. Estaba parado en el estacionamiento, hablando con alguien, cuando ella se detuvo justo delante de mí. Estoy seguro de que ella no me vio hasta que era demasiado tarde. Miré el automóvil que se detuvo a unos treinta metros de mí. Nuestros ojos se cruzaron y una mezcla de emociones inundó mi corazón. La compasión y el odio luchaban ambos contra mi alma. Me quedé paralizado en medio del estacionamiento. Quería salir corriendo pero mis piernas no se sometían a mis emociones.

Nos miramos el uno al otro por lo que pareció ser una eternidad. De repente, la puerta del automóvil se abrió. Heather salió y se paró junto a su auto. Pasaron unos segundos y luego empezó a correr hacia mí. Mi corazón latía con fuerza queriendo salir de mi pecho mientras se acercaba. Todo estaba ocurriendo demasiado rápido para poder ordenar mis ideas. Antes de poder moverme ella se lanzó a mis brazos y enterró su rostro en mi pecho. Sus lágrimas corrían por mi pecho mientras lloraba incontrolablemente. Me sentí como si me hubiera rasgado en dos. Mi mente la odiaba pero mi corazón la amaba. Mi mente quería alejarla y castigarla, pero mi corazón deseaba abrazarla y perdonarla.

ME SENTÍ COMO SI ME HUBIERA RASGADO EN DOS.
MI MENTE LA ODIABA, PERO MI CORAZÓN LA AMABA.
MI MENTE QUERÍA ALEJARLA Y CASTIGARLA, PERO MI
CORAZÓN DESEABA ABRAZARLA Y PERDONARLA.

"¡Por favor... oh por favor, perdóname!"— se lamentó con sinceridad. "Destruí mi familia. Arruiné mi vida. Hice añicos la vida de Jason y destrocé el corazón de mis hijos. Te traicioné a ti y a mamá. ¿Puedes perdonarme?".

Apenas un mes atrás yo le había ayudado a Elijah a superar su amargura contra Heather al recordarle las palabras de Jesús: "¿Qué mérito tienen ustedes al amar a quienes los aman? Aun los pecadores lo hacen así" Lucas 6:32. Todo pareció mucho más claro cuando le enseñé a Elijah a amar a su madre. Pero ahora era yo quien tenía que perdonarla.

Nunca he sido el tipo de persona que puede ocultar sus sentimientos y fingir que todo está bien cuando no lo es. Sabía que cualquier cosa que pasara en el estacionamiento ese día, yo tendría que vivir con ello el resto de mi vida. Había predicado muchas veces acerca de la gracia de Dios que perdona nuestros pecados, restaura nuestra alma y sana nuestro corazón, aún cuando no lo merezcamos. Pensé en cómo se debió sentir Jesús al ser traicionado por la propia gente que él había alimentado, sanado y librado. Cuán devastado se debió sentir al mirar hacia abajo desde la cruz y ver a las personas que amó tan desesperadamente, gritando: "¡Crucifícalo! ¡Crucifícalo!". Sus palabras retumbaban en mi cabeza: "—Padre —dijo Jesús—, perdónalos, porque no saben lo que hacen". Lucas 23:34

Sabía que tan pronto como dijera: "Te perdono, Heather", yo estaría renunciando a mi derecho de castigarla. Eso significaba que ella iba a poder vivir perdonada para siempre, a pesar que había arruinado mi familia, traumatizado a mis nietos y traicionado a mi hijo, por no mencionar el hecho de que cuando ella se involucró con otro hombre, su esposa estaba embarazada de su primer hijo. Ella había ayudado a destruir también la familia de él. Habría otro niño que no tendría a su padre porque Heather actuó egoístamente y ayudó a apartarlo.

En un instante razoné: *¡Heather no merece ser perdonada, merece ser castigada!* Pero, ¿no merecía yo también ser castigado? ¿Acaso no fui perdonado mientras yo todavía era un pecador?

Las palabras de las Escrituras se volvieron como soldados en mi mente y mi corazón se convirtió en el campo de batalla. Lo que prediqué tan libre y elocuentemente desde el púlpito ahora luchaba contra las almenas de mi propia alma. Honestamente, yo no estaba seguro de qué lado quería que ganara. ¿Quería que ganara el perdón y Heather se marchara "con mi permiso" para vivir una vida feliz? O, ¿quería que prevaleciera la justicia para que Heather estuviera encerrada en la cárcel de sus propias decisiones por el resto de sus días? El principio del perdón, que parecía tan claro para mí durante años, ahora se veía turbado por mis circunstancias, emociones y mi necesidad de justicia.

¿Cómo me sentiría si viera a Heather y a su novio riéndose y jugando juntos, mientras mi hijo lloraba la pérdida de su esposa?¿Sería percibido el perdonar a Heather como traición a la lealtad a mi propio hijo? Si le mostraba amor a Heather, ¿ella de alguna manera percibiría la idea de

que lo que había hecho no era tan malo? Estas preguntas eran como granadas que estallaban en mi corazón. La verdad es que había previsto este día varias veces en los meses anteriores. Mi corazón se llenaba de ansiedad cada vez que me imaginaba esta situación con Heather.

Finalmente, algo poderoso ocurrió en mí. Me invadió la compasión por Heather. Pareció haber salido de la nada. La odiaba unos minutos antes, pero ahora me dolía y me entristecí por ella. Pude sentir su dolor y entendí su sensación de estar completamente agobiada por el desastre que ella había ocasionado.

Me la imaginé tratando de abrirse paso a toda costa para salir de su pozo profundo lleno de barro cenagoso. Sus dedos estaban ensangrentados, su rostro estaba cubierto de tierra y su cabello estaba enmarañado con el sudor. Ella extendió su mano para pedirme ayuda. Me quedé allí, desconcertado, al ver esta bella mujer tan atrapada en su propio quebranto. Alargué mi mano y tomé la suya. La sangre y la suciedad me cubrieron mientras luchaba por sacarla del pozo. Pero lo que más me impresionó fue la mirada en su rostro pálido cuando ella vio que extendí mi mano para ayudarla. La esperanza llenó sus ojos como diciendo: *gracias por ensuciar tu alma para rescatarme.*

La angustia terminó y supe lo que debía hacer. Envolví mis brazos alrededor de Heather y le susurré al oído: "¡Te perdono! Te perdono, Heather. Te amo como amo a mis propias hijas". Su llanto se hizo más intenso cuando la abracé y le hablé amablemente.

Ella seguía repitiendo: *"¡Lo siento mucho! ¡Lo siento mucho!".*

Entonces le dije con la fe que llenaba mi corazón: "Vas a estar bien. Vamos a salir adelante juntos". —Le acaricié el pelo para consolarla.

Los dos sabíamos en nuestro corazón que su matrimonio se había acabado. Pero la vida continuaría y Kathy y yo estaríamos allí para compartir el resto de nuestros días.

Visitamos muchas veces a Heather durante los próximos meses. Lento pero seguro, estábamos reconciliando nuestra relación y Dios estaba restaurando nuestro amor por Heather.

Recibimos el 25 de agosto una llamada telefónica de Heather quien estaba en trabajo de parto y la estaban llevando a toda prisa al hospital. Estábamos en Australia y no pudimos volver a casa hasta el día siguiente.

Nos fuimos directamente al hospital cuando aterrizó nuestro avión. El bebé, Jackson, nació un día antes de que llegáramos. Era tan tierno…con sus pequeñas manitas. Pero el bebé Jackson desenterró una nueva crisis en mi propia alma. No entendía al principio los sentimientos que tenía por él. Realmente no entendía nada en absoluto. ¿Por qué actuaba yo así?

Entonces, un día, Elijah y yo estábamos juntos de nuevo en el automóvil. Elijah, que por lo general es muy hablador, estaba inusualmente callado. Se sentía tenso en el automóvil. Traté de inspirar una conversación entre nosotros pero me daba respuestas de una sola palabra a mis preguntas, mirando hacia abajo mientras hablaba. Cada vez era más evidente que él estaba seriamente preocupado.

Me pregunté si iba abrirse y hablarme. Avanzamos en silencio durante varios minutos. Finalmente, Elijah me miró con lágrimas en sus ojos y me dijo: "Abuelo, ¿quieres a Jackson?". Antes de que pudiera responder, me preguntó otra vez (esta vez con más intensidad), "Abuelo, ¿quieres al bebé Jackson?".

Comprendí de repente qué me estaba preguntando. La reflexión en la respuesta correcta me dio una revelación de mi propia lucha interior. Lo que Elijah estaba realmente preguntado era: "¿Puedo amar al niño que es el fruto de la relación que destruyó mi familia?". No podía poner en palabras los sentimientos que tuve hacia el bebé Jackson hasta ese día en el automóvil. Pero me encontré desando decir "*¡no!*", cuando Elijah me preguntó si quería a Jackson.

No tenía una respuesta racional ni tampoco era una actitud que hubiera cultivado conscientemente. Sabía en mi mente que Jackson era tan víctima de las circunstancias como cualquiera de nosotros. Él no pidió nacer fuera del matrimonio. Ciertamente no fue su deseo ser el fruto de una relación inmoral que destruyó dos familias. De hecho, admiré a Heather por no abortar a este niño y crear otra tragedia.

Sin embargo, Elijah había dejado al descubierto un secreto en nuestro corazón. De alguna manera extraña queríamos culpar al bebé Jackson por el duelo que ambos estábamos sufriendo. Estaba mal y lo sabía. Esta actitud equivocada sería tratada ahora mismo.

ELIJAH HABÍA DEJADO AL DESCUBIERTO UN SECRETO EN NUESTRO CORAZÓN. DE ALGUNA MANERA EXTRAÑA QUERÍAMOS CULPAR AL BEBÉ JACKSON POR EL DUELO QUE AMBOS SENTIMOS.

Recobré rápidamente la compostura y le dije: "Elijah, cada niño es un regalo de Dios, sin importar las circunstancias de su nacimiento. ¡Amo a Jackson!".

Entonces me respondió con las lágrimas rodando por su rostro: "¡Abuelo, yo también amo a Jackson! ¡Yo también lo amo! ¡Él es muy lindo!". Lo dijo una vez más para hacer énfasis.

Jackson se ha convertido en nuestro octavo nieto. Hace un tiempo, toda nuestra familia, incluyendo a Jason, Kathy y yo, nos reunimos en la casa de Heather para celebrar su primer cumpleaños. Comprendí que Jason había hallado un lugar especial en el corazón de Dios cuando alzó a Jackson, lo besó y lo amó. Tuve esta sensación profunda de que Dios estaba fraguando el triunfo en la tragedia y un mensaje sorprendente a partir de este gran desastre: ¡Éramos un testimonio vivo de que Dios consuela a TODOS los que lloran!

Han pasado más de tres años desde aquel terrible día cuando Jason entró en mi oficina y me dijo que su matrimonio se había acabado. Hubo muchos días oscuros cuando me cuestioné si yo podría continuar. Me quedé despierto muchas noches con visiones martirizantes de la situación de nuestra familia. Me siento avergonzado de admitir que con frecuencia cuestioné la capacidad de Dios de redimir a nuestra familia y cuestioné la naturaleza de su bondad. Me culpé a veces a mí mismo por no ser un mejor padre y por haber animado a Jason a casarse con Heather en primer lugar.

Pasaron esos días oscuros. Me gustaría poder decirle que esta historia termina como un maravilloso cuento de hadas donde Jason y Heather viven felices para siempre con sus familias. Pero, la vida real es a veces más complicada que eso. Sin embargo, Dios tiene una manera de hacer bellos palacios a partir de nuestras dificultades dolorosas.

En el momento de escribir estos renglones nuestra familia entera tiene una amorosa relación con Heather, e incluso con su novio. Estamos juntos muy a menudo y hemos cultivado un amor genuino entre nosotros.

Los niños están muy bien adaptados y les va muy bien. En el momento en que usted lea este libro, Jason se habrá casado de nuevo con una bella joven llamada Lauren, a quien amamos y admiramos profundamente. Los niños están felices de tener a Lauren en su vida y se han acostumbrado muy bien a ella. Heather animó a los niños a tener una gran relación con Lauren, lo que ha ayudado verdaderamente a evitar que los niños estén divididos entre dos personas que realmente aman.

El amor es sufrido

En medio de la época más oscura de mi vida fui a ver a un consejero profesional que es amigo mío. Por supuesto, la primera pregunta que me hizo fue: "¿Por qué vino a verme?". Le conté la historia de Jason y Heather y le expliqué lo desanimado y deprimido que estaba por la situación.

Entonces me preguntó de nuevo: "¿Por qué vino a verme?".

"Ya le dije—contesté bruscamente— estoy desanimado y deprimido".

Él procedió otra vez a hacerme la misma pregunta.

Finalmente, —le pregunté en un tono de voz muy frustrado—: "*¿Cuál es tu punto?*".

"Bueno— respondió mi amigo— la Biblia dice que el amor es sufrido. Usted sufre porque las personas que usted ama están sufriendo. Pero el Señor Jesús dijo que tenemos que hacer duelo con los que hacen duelo. Usted está haciendo duelo porque su familia sufre. Está respondiendo correctamente en la manera que Jesús nos enseñó. Ahora, cuando todo esto termine, usted podrá alegrarse con los que se alegran. Hasta entonces, confíe su familia a Dios y sepa que todo esto terminará a su tiempo". Y efectivamente ocurrió así.

Pocos meses después Bill Johnson llamó a mi hijo Jason (que también es uno de los pastores) para que saliera adelante, mientas asistíamos a una reunión de todo el personal de la iglesia. Jason salió al estrado y anunció su compromiso con Lauren, su nueva esposa. Bill tomó el micrófono y dijo: "¡Hemos llorado con los que lloraron; ahora alegrémonos con los que se alegran!".

Alrededor de unas 200 personas de nuestro personal estuvieron presentes aquel día. Se pusieron de pie y gritaron, aplaudieron y lloraron de alegría. La Biblia dice: "Tal vez lloremos durante la noche, pero en la mañana saltaremos de alegría". Salmo 30:5, *RVC*.

Mantener viva la esperanza

A veces es fácil pensar que Dios favorece a ciertas personas o que la situación que padecemos está más allá de la capacidad de Dios para hacernos libres (sobre todo en las noches más oscuras). Conozco estos sentimientos demasiado bien. Pero la verdad es que no hay situación que sea imposible para Dios.

Uno de mis héroes es Abraham Lincoln. Él fue un padre de nuestra nación y un maestro de la perseverancia y la esperanza. Lo conocemos como uno de los presidentes más populares de la historia estadounidense. Sin embargo, la lista de los problemas y fracasos de Abraham Lincoln es el faro más impresionante de luz y esperanza que anima a los creyentes. La lista es la siguiente:

- 1818— Su madre muere cuando él tiene nueve años.

- 1831— Su negocio fracasa.

- 1832— Pierde un intento por conseguir un cargo secundario en la asamblea legislativa.

- 1833— Regresa a los negocios; la competencia de una empresa más grande lo obliga a cerrar de nuevo.

- 1833— Le embargan sus bienes cuando no es capaz de pagar sus deudas.

- 1835— Muere su futura esposa.

- 1843— No recibe la nominación de su partido para el Congreso.

- 1853— Muere su hijo.

- 1854— Le faltan seis votos para asegurar un escaño en el Senado.

- 1860— Es elegido presidente de los Estados Unidos de América (y de nuevo en 1864).

¡Vaya que este hombre sí sabía cómo levantarse cuando era derribado! ¡Anda!

Salomón escribió las siguientes palabras hace miles de años: "Donde no hay visión el pueblo se desenfrena". Proverbios 29:18, *LBLA*. Abraham Lincoln se aferró a su visión en medio de las noches más oscuras de su alma. Hay demasiada verdad en estas simples palabras. La visión mantiene viva la esperanza y la desesperanza es un asesino en serie. Sin esperanza no tenemos fe, y sin fe el mundo es un lugar miserable para vivir.

LA VISIÓN MANTIENE VIVA LA ESPERANZA EN NOSOTROS. LA DESESPERANZA ES UN ASESINO EN SERIE. SIN ESPERANZA, NO TENEMOS FE; Y SIN FE EL MUNDO ES UN LUGAR MISERABLE PARA VIVIR.

Dios es el amo de la compasión y el rescate. Sólo tenemos que mirar por encima de nuestro hombro y seguramente lo encontraremos a nuestro lado cuando todo parezca sombrío en nuestra vida. Dios salvó a Daniel cuando fue arrojado al foso de los leones y todo parecía oscuro y sin esperanza. Jesús puso en libertad a Sadrac, Mesac y Abednego cuando fueron arrojados al horno en llamas. Cuando Dios encontró a un perseguidor que asesinaba a los cristianos, se enfrentó con él de camino a Damasco y cambió su nombre de Saulo por Pablo, transformándolo en uno de los hombres más grandiosos que haya adornado a este planeta.

Las historias siguen y siguen exaltando la bondad asombrosa de Dios para transformar a las personas. Recordemos al hombre endemoniado en la región de los gadarenos; a Lázaro que había estado muerto durante tres días y a María Magdalena la prostituta. Recordemos a José que fue vendido como esclavo pero Dios lo convirtió en príncipe, y a David que mató a un gigante con una piedra. Dios hizo todos estos milagros. ¿Acaso no podrá rescatarlo a usted?

No hay ninguna partida que Dios no pueda ganar. Pase lo que pase en su vida, recuerde lo siguiente: *Jesús es un maestro en hacer un santo a partir de un pecador.* Nunca es demasiado tarde para Él. No importa lo profundo que haya caído, ni qué tan grande sea el desastre que haya ocurrido con su vida, " Él puede hacer muchísimo más que todo lo que podamos imaginarnos o pedir". Efesios 3:20

Dios se especializa en lo imposible a pesar de cómo se sienta usted... ¡Él está listo para ayudarlo!

Menciones

Hay muchas cosas que son muy grandes para mí solo; sin embargo, como familia, hay pocas cosas que no podamos superar.

A través de la vara y también del afecto de aquellos a quienes más amo, me he convertido en la persona que soy. Por eso estoy eternamente agradecido. Dicen que se necesita una aldea para criar y educar a un niño hasta que sea un hombre, y yo añadiría que se necesita la valentía de muchos para que este cumpla sus sueños. Sin la sabiduría y valor de mi padre y mi madre, este libro no sólo sería todavía un sueño sino que dejaría de existir la vida que conozco. Ustedes han sido el faro en el mar embravecido que brilla su esperanza en las noches más oscuras y me recuerda que "esto también pasará". Ustedes me dieron la dirección para establecer un rumbo fijo.

Creo que sin el afecto sincero de los amigos, un hombre será injusto. Así como se necesita hierro para afilar el hierro, en el camino de las relaciones se crea fricción y consuelo mostrando a menudo la verdad de un hombre frente a otro. Sin la piedra, el cuchillo jamás sería afilado y al prescindir unos de otros el amor incondicional a la humanidad sólo sería una teoría. Sin embargo, mis asperezas se han vuelto suaves y lisas a través de mis relaciones más íntimas. Y debido a unos pocos hombres he tenido que rendir cuentas por ser lo que Dios me señaló que fuera, sabiendo que siempre soy amado. La palabra "gracias" podría sonar hueca en comparación con lo que ustedes (Jerome E., Jeremy R., Mark P., Danny S., Jeff N., Keith A., Cameron R., Marty P. y los hombres con los que he compartido mi casa) han sacrificado por mí. Debido a la amistad con hombres como ustedes sé que siempre tendré un lugar seguro para procesar mis emociones y para ser tan salvaje como mi corazón desee en la seguridad de su presencia. ¡Gracias!

Lauren, mi linda esposa, no hay suficiente espacio en estas páginas para todas las palabras que quiero decirte. Tú eres realmente un lirio entre las espinas, una joya entre un mar de piedras. Tu ánimo y confianza en mí me han significado mucho. Yo no podría haber escogido una mejor mujer con quien pasar mi vida—eres más de lo que imaginé que tendría—. No puedo esperar para ver lo que produce el poder de dos en uno. ¡Te amo!

Jason.

Acerca del autor
Kris Vallotton

Kris Vallotton es el autor de varios libros y es un conferencista internacional muy solicitado. Kris tiene una gran pasión por ver transformada la vida de las personas y por ser un catalizador para la transformación mundial.

Kris Vallotton fue el cofundador en 1998 de la *Bethel School of Supernatural Ministry* [Escuela Bethel de Ministerio Sobrenatural] en Redding, California, que ha crecido hasta tener más de 1.200 estudiantes de tiempo completo. Kris es un alto líder asociado de la Iglesia Bethel y ha formado parte del equipo apostólico de Bill Johnson por más de 32 años.

Kris también es el fundador y director general de **La Revolución Moral,** una organización dedicada a la formación sexual en todo el mundo.

Kris y su esposa Kathy han estado felizmente casados durante más de 35 años. Tienen cuatro hijos y ocho nietos.

Otro libro de Kris Valloton, publicado por Editorial Desafío
UN ESTILO DE VIDA SOBRENATURAL

Para otros títulos, mensajes e información por favor visite
www.kvministries.com

También puede encontrar a Kris Vallotton en
www.moralrevolution.com
www.facebook.com/kvministries
www.ibethel.org

Acerca del autor
Jason Vallotton

Jason Vallotton (hijo de Kris) nació y se crió en Weaverville, California, un pequeño pueblo conocido por sus vistas montañosas y el ritmo suave de la vida. Tuvo un ascenso rápido en la vida después de casarse a los 18 años con su novia de la escuela secundaria y ser padre de tres hijos a los 24 años (Elijah, Rilie y Evan).

La vida de Jason ha estado plagada de retos, desde criar niños pequeños y combatir incendios en las colinas del norte de California, hasta superar la angustia de la disolución de su matrimonio en el año 2008. Él se ha convertido en un testimonio del poder redentor de la perseverancia y del amor incondicional de Dios.

El amor de Jason por todas las personas y su afán de verlas completamente íntegras lo ha llevado a Redding, California, donde ayuda a supervisar una Escuela de Ministerio y un grupo de pureza sexual para hombres. Jason tiene un corazón dispuesto para ayudar a las personas restauradas a vivir con integridad y libertad completas, de la manera que Dios lo restauró después de haber pasado por las dificultades de la vida y de haber salido victorioso al otro lado.

Para más información, por favor visite
www.moralrevolution.com
www.ibethel.com